Gestão e desenvolvimento
de produtos
e marcas

Central de Qualidade — FGV Management
ouvidoria@fgv.br

SÉRIE MARKETING

Gestão e desenvolvimento de produtos e marcas

3ª edição

Hélio Arthur Irigaray
Alexandre Vianna
José Eduardo Nasser
Luiz Paulo Moreira Lima

Copyright © 2010 Hélio Arthur Irigaray, Alexandre Vianna, José Eduardo Nasser, Luiz Paulo Moreira Lima

Direitos desta edição reservados à
EDITORA FGV
Rua Jornalista Orlando Dantas, 37
22231-010 — Rio de Janeiro, RJ — Brasil
Tels.: 0800-021-7777 — 21-3799-4427
Fax: 21-3799-4430
E-mail: editora@fgv.br — pedidoseditora@fgv.br
www.fgv.br/editora

Impresso no Brasil/*Printed in Brazil*

Todos os direitos reservados. A reprodução não autorizada desta publicação, no todo ou em parte, constitui violação do copyright (Lei nº 9.610/98).

Os conceitos emitidos neste livro são de inteira responsabilidade dos autores.

1ª edição — 2004; 2ª edição revista e atualizada — 2006; 1ª reimpressão — 2007; 2ª e 3ª reimpressões — 2008; 4ª reimpressão — 2009; 5ª reimpressão — 2010; 3ª edição — 2011; 1ª reimpressão — 2011; 2ª e 3ª reimpressões — 2012; 4ª reimpressão — 2013; 5ª reimpressão — 2014; 6ª reimpressão — 2015.

Preparação de originais: Mariflor Rocha
Editoração eletrônica: FA Editoração Eletrônica
Revisão técnica: Delane Botelho
Revisão: Sandra Maciel Frank e Sandro Gomes dos Santos
Capa: aspecto:design
Ilustração de capa: Romero Cavalcanti

    Irigaray, Hélio Arthur
        Gestão e desenvolvimento de produtos e marcas / Hélio Arthur Irigaray... [et al.]. — 3. ed. — Rio de Janeiro : Editora FGV, 2011.
        148 p. — (Marketing (FGV Management))

        Em colaboração com Alexandre Vianna, José Eduardo Nasser, Luiz Paulo Moreira Lima.
        Publicações FGV Management.
        Inclui bibliografia.
        ISBN: 978-85-225-0871-6

        1. Marketing. 2. Administração mercadológica. 3. Produtos novos. I. Vianna, Alexandre . II. Nasser, José Eduardo. III. Lima, Luiz Paulo Moreira. IV. FGV Management. V. Fundação Getulio Vargas. VI. Título. VII. Série.

                                            CDD — 658.82

*Aos nossos alunos e aos nossos colegas docentes,
que nos levam a pensar e repensar as nossas práticas.*

Sumário

Apresentação 11

Introdução 15

1 | **Conceitos fundamentais em produtos** 17
   A definição de produto em marketing 18
   Diferencial do produto genérico e esperado 24

2 | **A inovação em produtos** 29
   Inovação e invenção: conceitos e diferenças 31
   Tipos de novos produtos: para o mercado e para a empresa 36

3 | **Etapas para lançamento de novos produtos** 41
   Geração de ideias 42
   Técnicas de geração de ideias 44
   Análise e triagem 45
   Teste de conceito 46

Desenvolvimento da estratégia de marketing 47
Análise do negócio 47
Desenvolvimento de produto e QFD 49
Testes de mercado 50
Comercialização (*roll-out*) 52
Estratégias para diferenciação de produtos 52

4 | O ciclo de vida do produto 55
O conceito de ciclo de vida dos produtos 56
Características do ciclo de vida dos produtos 59
O reciclo do produto 61

5 | Análise do ciclo de vida do produto 65
Análise gráfica do ciclo de vida de um produto 65
O processo de adoção 69
Os inovadores 71
Os adotantes imediatos 71
A maioria imediata 72
A maioria tardia 72
Os retardatários 73

6 | Estratégia para o ciclo de vida dos produtos 75
Ciclo de vida e estratégia de produto 75
Estratégias para o estágio de introdução 76
Estratégias para o estágio de crescimento 79
Estratégias para o estágio de maturidade 80
Estratégias para o estágio de declínio 82

7 | Análise do portfólio de produtos 85
Método de análise de portfólio de produtos do BCG 86

Índice de crescimento do mercado 89

Participação relativa de mercado 90

Critérios para a análise do portfólio de produtos da empresa 90

8 | Gerenciamento do portfólio de produtos 93

Estratégias baseadas na matriz BCG 94

Atratividade de mercado: abordagem GE-McKinsey 95

9 | A estratégia de marcas 105

Características e atributos da marca 105

Decisão sobre marcas 106

Decidindo a estratégia de marcas 108

Extensão de linha 109

Extensão de marca 110

Multimarcas 111

Novas marcas 111

Marcas combinadas (*co-branding*) 112

Decisão de nome de marca 112

Valor de marca (*brand equity*) 114

O desafio das marcas no século XXI 116

10 | Embalagem e rotulagem 119

Embalagem 119

Rotulagem 122

11 | Estratégia de posicionamento 125

Posicionamento de produtos 126

Posicionamento de marcas 128

Mapas de posicionamento de produtos e marcas 129

12 | O gerenciamento de produtos e marcas nas organizações   133
　　O papel dos gestores de produtos e marcas   134
　　Os sistemas de informação e controle de produtos e marcas   135
　　Considerações sobre a ética na gestão de produtos e marcas   136
　　Responsabilidade social e ambiental   137

Conclusão   139

Referências   141

Os autores   147

Apresentação

Este livro compõe as Publicações FGV Management, programa de educação continuada da Fundação Getulio Vargas (FGV).

Instituição de direito privado com mais de meio século de existência, a FGV vem gerando conhecimento por meio da pesquisa, transmitindo informações e formando habilidades por meio da educação, prestando assistência técnica às organizações e contribuindo para um Brasil sustentável e competitivo no cenário internacional.

A estrutura acadêmica da FGV é composta por oito escolas e institutos: a Escola Brasileira de Administração Pública e de Empresas (Ebape), dirigida pelo professor Flavio Carvalho de Vasconcelos; a Escola de Administração de Empresas de São Paulo (Eaesp), dirigida pela professora Maria Tereza Leme Fleury; a Escola de Pós-Graduação em Economia (EPGE), dirigida pelo professor Rubens Penha Cysne; o Centro de Pesquisa e Documentação de História Contemporânea do Brasil (Cpdoc), dirigido pelo professor Celso Castro; a Escola de Direito de São Paulo (Direito GV), dirigida pelo professor Ary Oswaldo Mattos Filho; a Escola de Direito do Rio de Janeiro (Direito Rio), dirigida pelo professor Joaquim Falcão; a Escola de Economia de São Paulo (Eesp), dirigida pelo professor Yoshiaki Nakano; o Instituto Brasileiro de Economia (Ibre), dirigido pelo professor Luiz Guilherme Schymura de Oliveira. São diversas unidades com a marca FGV, trabalhando com a mesma filosofia: gerar e disseminar o conhecimento pelo país.

Dentro de suas áreas específicas de conhecimento, cada escola é responsável pela criação e elaboração dos cursos oferecidos pelo Instituto de Desenvolvimento Educacional (IDE), criado em 2003 com o objetivo de coordenar e gerenciar uma rede de distribuição única para os produtos e serviços educacionais da FGV, por meio de suas escolas. Dirigido pelo professor Clovis de Faro e contando com a direção acadêmica do professor Carlos Osmar Bertero, o IDE engloba o programa FGV Management e sua rede conveniada, distribuída em todo o país (ver www.fgv.br/fgvmanagement), o programa de ensino a distância FGV Online (ver www.fgv.br/fgvonline), a Central de Qualidade e Inteligência de Negócios e o Programa de Cursos Corporativos In Company. Por meio de seus programas, o IDE desenvolve soluções em educação presencial e a distância e em treinamento corporativo customizado, prestando apoio efetivo à rede FGV, de acordo com os padrões de excelência da instituição.

Este livro representa mais um esforço da FGV em socializar seu aprendizado e suas conquistas. Ele é escrito por professores do FGV Management, profissionais de reconhecida competência acadêmica e prática, o que torna possível atender às demandas do mercado, tendo como suporte sólida fundamentação teórica.

A FGV espera, com mais essa iniciativa, oferecer a estudantes, gestores, técnicos — a todos, enfim, que têm internalizado o conceito de educação continuada, tão relevante nesta era do conhecimento — insumos que, agregados às suas práticas, possam contribuir para sua especialização, atualização e aperfeiçoamento.

Clovis de Faro
Diretor do Instituto de Desenvolvimento Educacional

Ricardo Spinelli de Carvalho
Diretor Executivo do FGV Management

Sylvia Constant Vergara
Coordenadora das Publicações FGV Management

Introdução

Produto é o primeiro P do composto de marketing. E este livro, como elemento da Série Marketing, tem por objetivo apresentar os conceitos fundamentais para o sucesso no gerenciamento de produtos.

Nossa premissa é a de que o êxito de um gerente de produtos passa não só pelo conhecimento das teorias de marketing, mas pela capacidade de apreender o mundo à sua volta — os aspectos econômicos, políticos, jurídicos, tecnológicos, sociais, demográficos — e seus impactos sobre a organização, seus concorrentes e, principalmente, seu mercado consumidor.

Houve a preocupação de não nos atermos única e exclusivamente ao mercado consumidor, levando em conta também o mercado organizacional e o de produtos sem fins lucrativos.

O livro está dividido em 12 capítulos, além desta introdução e da conclusão. No primeiro, definimos e discutimos a essência dos produtos para, logo a seguir, no segundo, abordarmos a sua inovação, a qual pode garantir a uma empresa uma vantagem competitiva.

No terceiro capítulo, abordamos as etapas para o lançamento de produtos e, no quarto, o ciclo de vida dos produtos

(CVP). No quinto, é feita análise gráfica do CVP e, no sexto, discutimos as possíveis estratégias que podem ser adotadas em cada etapa.

O sétimo capítulo analisa a administração da carteira de produtos pelas organizações produtivas, bem como a modelagem e o planejamento. O oitavo trata do gerenciamento do portfólio de produtos.

No nono capítulo, estudamos as estratégias de marcas e, no décimo, embalagens e rotulagem. Nessa etapa, é fundamental que o leitor faça o elo com a disciplina de comunicação integrada de marketing: promoção e programa.

No décimo primeiro capítulo, conceitualizamos o posicionamento de produtos e marcas, bem como as suas eventuais estratégias.

Finalmente, no décimo segundo capítulo, retratamos as atribuições organizacionais de um gerente de produtos, suas tarefas e atribuições.

É fundamental que nossos leitores se atenham ao fato de que esta é uma obra aberta e temporal, uma vez que novos exemplos surgem a cada dia.

Esperamos tornar sua viagem pelo mundo dos produtos a mais agradável possível e poder estar contribuindo para o seu sucesso profissional.

1

Conceitos fundamentais em produtos

Em qualquer atividade que demande uma administração científica, com métodos e técnicas, existem as etapas, vitais, de planejamento e execução.

Em marketing, a primeira fase engloba o exame das seguintes e principais questões: análise do ambiente, identificação das oportunidades de mercado, comportamento do consumidor, segmentação de mercados e os sistemas de informação para gestores mercadológicos.

Com base no conjunto dessas informações, inicia-se o estudo para a implementação das decisões de marketing, que incluem como tópicos mais relevantes: a oferta de produtos, a atribuição de seu preço, o emprego de intermediários para atingir os consumidores, o uso da ampla gama de instrumentos de comunicação, a montagem de programas de relacionamento com os clientes e o monitoramento de resultados.

O planejamento estratégico de marketing surge, então, como um elo para ligar as duas etapas críticas mencionadas.

A eficiência na gestão e desenvolvimento de produtos está amparada num encadeamento estruturado para a tomada de decisões. A administração de produtos requer, portanto, uma visão abrangente sobre os principais processos mercadológicos.

As relações dos consumidores com as organizações ocorrem, em grande medida, por meio das experiências com os seus produtos, os quais têm impacto direto e visível nos resultados das organizações. Assim, o gerenciamento de produtos está na vanguarda das decisões de marketing.

Mas o que é produto?

A definição de produto em marketing

Quando a Ford vende um modelo Ecosport, está vendendo apenas certo número de componentes, como chapas de aço, um motor e quatro rodas? Quando a Tintas Coral vende uma lata de tinta, está vendendo apenas uma lata com produtos químicos? Quando a Viação Garcia vende uma passagem de Curitiba para Cascavel, está vendendo apenas o uso e o desgaste dos assentos de um ônibus e muita fadiga do motorista?

A resposta a todas estas perguntas é: não. Essas empresas estão realmente vendendo a satisfação, o uso ou o benefício desejado pelo consumidor. Todos os consumidores cuidam para que seus carros fiquem bonitos e em condições de rodar. Desejam proteger e revestir suas casas com tinta e, ao comprar uma passagem rodoviária, não estão preocupados com a constituição física do ônibus ou com a tripulação. Almejam principalmente uma viagem segura e confortável.

Neste contexto, segundo Semenick e Bamossy (1995:260), "produto é um conjunto de atributos tangíveis e intangíveis que proporciona benefícios reais ou percebidos com a finalidade de satisfazer as necessidades e os desejos do consumidor".

De acordo com Kotler e Armstrong (1998:190), "produto é qualquer coisa que possa ser oferecida a um mercado para atenção, aquisição, uso ou consumo, e que possa satisfazer a um desejo ou necessidade".

Por sua vez, McCarthy e Perreault Jr. (1997:148) afirmam que "produto significa a oferta de uma empresa que satisfaz a uma necessidade".

Quando um consumidor pessoa física compra um pacote de leite, um automóvel, um bilhete de loteria ou uma viagem para um parque temático, ele busca suprir uma carência. Dessa forma, o profissional de marketing nunca deve esquecer que, mais importante do que aquilo que a empresa vende, é o que o consumidor compra. O desenvolvimento de um novo produto se origina nas necessidades — e capacidade de demanda — do mercado.

Um consumidor pessoa jurídica também possui diferentes níveis de necessidades ao adquirir, por exemplo, material de escritório, um computador de grande porte ou um plano de saúde para os seus colaboradores.

Para os consumidores a ideia de produto como satisfação ou benefício é fundamental. Podemos afirmar, portanto, que um produto deve ser a solução para uma necessidade, real ou latente, de seus consumidores.

O desafio do profissional de marketing é descobrir, então, como tornar seu produto, que pode ser simples ou complexo, uma solução vencedora para os clientes, qualquer que seja o nível de prioridade por eles estabelecido.

Produto: bem ou serviço?

Esta é uma indagação frequente. No linguajar cotidiano, é usual chamar de produto apenas os bens, nos quais a materialidade é flagrante, que são produzidos nos setores primário (agricultura e pecuária) e secundário (indústria) da economia.

Já as ofertas imateriais, normalmente efetuadas pelo setor terciário (comércio, transporte, saúde, comunicações, educação e muitos outros), são denominadas serviços.

Além disso, um fator adicional para a confusão no entendimento do conceito de produto é que as atividades relativas à pré-venda de um bem ou serviço também são comumente chamadas de serviço no dia a dia.

Segundo Kotler e Armstrong (1998:190), "os produtos incluem objetos físicos, serviços, pessoas, locais, organizações, ideias ou combinações desses elementos".

Por sua vez, McCarthy e Perreault Jr. (1997:149) afirmam que "um produto pode ser um bem físico, um serviço ou uma mistura de ambos" e consideram que todos os produtos possuem ênfase, em graus variados, em bem físico e serviço.

Podemos exemplificar esta argumentação por meio das seguintes situações de compra de produtos: um quilo de sal no supermercado, um lanche numa cadeia de *fast food*, uma refeição num restaurante de categoria mediana, um jantar à luz de velas num restaurante de cozinha sofisticada e um curso de gastronomia com um *chef* famoso. Os cinco produtos, todos vinculados à alimentação, apresentam composições distintas de bem físico e serviço. Num extremo, no caso do sal, verifica-se a ênfase total em bem físico, enquanto no outro, na situação do curso, a concentração ocorre em serviço.

Sobre esse tema, Theodore Levitt, citado em Kotler (2003:207), foi incisivo: "Não há essa coisa de setores de serviços. Apenas em certos setores os componentes de serviços são mais importantes ou menos importantes do que nos demais. Todos atuam em serviços".

Podemos concluir, portanto, que o produto em marketing contém, em diferentes níveis, aspectos físicos e de serviços. Por outro lado, o entendimento das suas características distintas é útil para a gestão de produtos.

As diferenças entre produtos e serviços

A principal diferença entre bens físicos e serviços é que, no primeiro caso, há transferência de propriedade, ou seja, tornamo-nos donos de uma bolsa, de uma caneta, mas não de uma consulta dentária ou de uma aula.

Os bens físicos são tangíveis, permitindo assim aos consumidores, por meio da prévia experimentação, uma análise dos seus atributos antes da sua aquisição, o que facilita o cliente na hora de verificar as diferenças entre as opções existentes no mercado.

Ao contrário dos serviços, bens físicos, dependendo da sua composição, não são perecíveis, podendo, portanto, ser armazenados, estocados; já serviços devem ser consumidos à medida que são prestados.

No que tange à produção é muito mais fácil padronizarmos bens físicos do que serviços. Empresas como a Unilever são capazes de produzir milhares de sabonetes Dove iguais com uma mínima margem de erro, mas um professor, por exemplo, sabe que é impossível reproduzir a mesma aula duas vezes.

Já no que tange ao consumo é fundamental ressaltarmos a importância do consumidor final, seu grau de envolvimento, personalidade e estado de espírito ao consumir e avaliar serviços.[1]

---

[1] Para aprofundamento dessas diferenças, ver Spiller et al. (2003).

Diferenciação de produto

A diferenciação do produto busca aumentar o valor do produto ou serviço oferecido ao cliente. Levitt (1986) sugere que os produtos e serviços podem ser vistos em pelo menos quatro níveis. São eles: produto genérico, produto esperado, produto aumentado (ou ampliado) e produto potencial. A figura 1 mostra estes níveis. A diferenciação é possível em todos estes aspectos.

Figura 1
NÍVEIS DE PRODUTO

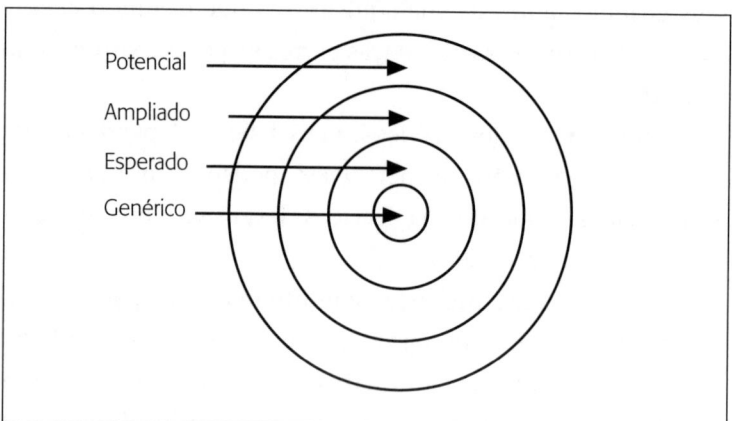

Fonte: Levitt, 1986:79.

No centro do modelo de Levitt, está o produto genérico: livro, relógio, carro, por exemplo. Contudo, além do produto genérico, há a expectativa dos clientes em relação a algo que lhes pode ser oferecido a mais pelo produto esperado. Quando compram gasolina, por exemplo, os clientes esperam também um acesso fácil ao posto, a possibilidade de comprar com cartão de crédito, a disponibilidade de serviço de limpeza do para-brisa, ar para os pneus, água para o radiador. Como a maioria dos postos atende a essas expectativas, elas não servem para diferenciar um fornecedor do outro.

No nível seguinte, Levitt identifica o produto ampliado. Este é construído por todas as demais características e serviços extras que vão além daquilo que o cliente espera, o valor extra, e serve, portanto, para fazer diferenciação entre os concorrentes. O posto de gasolina em que, na área do *self-service*, um frentista enche o tanque enquanto o outro limpa o para-brisa, os faróis e os espelhos estará fornecendo mais do que o esperado. Contudo, ao longo do tempo, esses meios de diferenciação vão sendo copiados, tornando-se rotina e, no fim, simplesmente passam a ser aquilo que é esperado.

Finalmente, Levitt descreve o produto potencial como a soma de todas as características e benefícios oferecidos. No caso do posto de gasolina, poderia ser uma lavagem grátis do carro para cada tanque cheio, brindes não relacionados com gasolina e um serviço de atendimento completo do automóvel. Enquanto o modelo mostra um produto potencial limitado, na realidade, ele está limitado apenas pela imaginação e criatividade do fornecedor.

Enquanto no passado os fornecedores privilegiaram as tentativas para diferenciar suas ofertas com base no produto genérico e esperado, a convergência agora ocorre em minutos marcados. À medida que os métodos de controle, garantia e gerenciamento da qualidade tornam-se amplamente entendidos e adotados, a entrega de um produto com desempenho, conformidade e confiabilidade (um produto "de qualidade", no sentido clássico da palavra) não será mais o suficiente. Ele prevê que no futuro haverá uma maior ênfase no produto ampliado e potencial como meio de agregar valor e seduzir o cliente, criando assim uma vantagem competitiva.

Diferencial do produto genérico e esperado

Observamos na figura 1 que o produto esperado representa o produto genérico mais as expectativas mínimas dos clientes. Embora variem de pessoa para pessoa, conforme as condições, fabricantes e outros fatores, as expectativas mínimas de cada cliente excedem as características do produto genérico em si. Na compra de um eletrodoméstico, por exemplo, são esperados entrega, serviço de instalação, peças de reposição e conveniência das embalagens.

A diferenciação do produto ou benefício genérico oferece uma nova maneira de satisfazer o mesmo desejo ou necessidade básica. Geralmente ela é criada por uma mudança profunda da tecnologia e da aplicação da tecnologia e da inovação. As calculadoras, por exemplo, se comparadas às réguas de cálculo, ofereciam um método diferenciado para atender à necessidade básica de calcular. De forma semelhante, os freezers oferecem uma maneira diferente de armazenar comida daquela proporcionada pelas antigas geladeiras, despensas e adegas.

Produto ampliado

Produto ampliado (ou aumentado) é o resultado de todo o esforço que a empresa faz para diferenciar seu produto dos seus concorrentes. Por exemplo, oferecendo uma garantia permanente para fitas de áudio, como faz a Scotch-3M, em vez de uma garantia de um ou dois anos. De fato, existem dois tipos principais de características de produto que podem gerar benefícios percebidos para o cliente: desempenho e aparência.

A análise das características do produto precisa relacioná-las com os benefícios que elas proporcionam. O lançamento de uma máquina de escrever com esfera pela IBM, por exemplo, não alterou o produto genérico (a capacidade de criar uma folha datilografada de texto ou números). Contudo, possibilitou o uso de fontes e espaçamentos diferentes, estendendo, assim, o valor para quem deseja tais benefícios extras. Ao estimar o valor para o consumidor das características adicionais do produto e seus benefícios resultantes, as medições conjuntas podem ser muito úteis. Esta técnica tem sido aplicada com sucesso às características do produto por empresas que operam no mercado de áudio, e em características de serviços por sociedades imobiliárias, com participações de juros altos.

No mercado de cortadores de grama, existem equipamentos com cortador de lâminas rotativas que, literalmente, flutuam no ar, como um meio de se diferenciar em relação ao cilindro rotativo de corte. Em alguns mercados, principalmente naqueles em que os gramados têm contornos irregulares ou apresentam um declive acentuado, a facilidade de utilização de um cortador "aéreo" tornou esse produto muito atraente e diferenciado. Contudo, em outros mercados existem equipamentos capazes de retalhar mostrando as vantagens do cortador convencional equipado com um depósito coletor de grama. Um sistema deixa a grama cortada no gramado. Desenvolvimentos mais recentes já apresentam um cortador "aéreo" de lâminas rotativas com depósito coletor de grama cortada.

Um fator da maior importância na diferenciação de um produto ou serviço dos seus concorrentes é a qualidade. Qualidade significa a adequação do produto ou serviço à finalidade prevista. No caso de produtos manufaturados, isso implica a durabilidade, a aparência ou a classe do produto, enquanto na área de serviços ela muitas vezes se traduz em elementos tangíveis do serviço, na confiabilidade e presteza do prestador do serviço, na garantia do valor do serviço e na empatia ou atenção recebida. A qualidade pode refletir de forma expressiva tanto as matérias-primas utilizadas quanto o grau de controle exercido durante a manufatura e entrega.

De vital importância é a percepção da qualidade por parte do cliente, que pode não ser igual à percepção do fabricante. Vejamos um exemplo em que as duas não coincidem: o departamento de pesquisa de marketing de um fabricante de produtos de papel para uso doméstico solicitou uma avaliação pelo consumidor de um novo papel higiênico. A reação foi favorável, mas o produto foi considerado insuficientemente macio. O departamento de P&D passou então a desenvolver meios de amaciar o papel, enfraquecendo as fibras e reduzindo sua densidade. Nos testes de uso subsequentes, o produto se desmanchou e ficou inutilizado para a finalidade a que se destinava. Testes complementares mostraram que, para que o produto ficasse macio ao tato, precisaria, na realidade, ter a resistência e a densidade das fibras aumentadas.

A qualidade tem sido apontada como o determinante principal do sucesso comercial. Concluímos que a qualidade relativa percebida, isto é, as avaliações feitas pelos clientes quanto à qualidade do produto oferecido pelo fornecedor em relação às ofertas dos concorrentes, é o fator único e mais importante que afeta o desempenho em longo prazo de um negócio. O valor percebido pelo cliente é a taxa entre os benefícios que ele percebe receber e os custos do consumo. Os benefícios percebidos pelos consumidores residem na qualidade do produto (características, marca, estilo, garantia, durabilidade, facilidade de uso, imagem, prestígio); na qualidade dos serviços ao consumidor (empatia dos funcionários, confiabilidade) e na qualidade baseada na experiência (atmosfera, publicidade, decoração da loja, propaganda, promoção). Já os custos para o consumidor podem ser pecuniários ou não. Dessa forma, outra possibilidade de aumentarmos o valor percebido do nosso produto é reduzindo os encargos monetários (preço de varejo, impostos de vendas, despesas de entrega) ou os custos não monetários (tempo, esforço, risco, custos de oportunidade).

Mostra-se que a qualidade tem um impacto maior sobre o nível do retorno sobre o investimento (ROI), sendo mais eficaz no momento para aumentar a participação no mercado do que um preço mais baixo.

As percepções de estilo, principalmente para produtos com grande apelo emocional, como cosméticos, apresentam uma forte relação com a percepção da qualidade. Nos mercados de moda, tais como vestuários, o design pode ser um meio poderoso para a diferenciação. Vejamos o caso da Du Pont, que rejuvenesceu com sucesso seu mercado de meias para mulheres oferecendo cores diferentes, reposicionando, desta maneira, as meias como um acessório da moda — uma cor diferente para cada vestuário.

Uma maneira bastante eficaz de diferenciar de forma tangível o produto é criar uma marca específica com uma imagem e reputação favoráveis, pois ambos podem ser ativos de marketing muito poderosos.

A marca ou o logotipo, como veremos no capítulo 9, pode ser uma indicação da procedência e uma garantia do que esperar do produto, uma declaração de qualidade e um sinal de valor pelo dinheiro.

Os serviços também são um importante meio de diferenciação na compra de muitos produtos, especialmente bens duráveis, tanto de consumo como industriais. Um serviço primoroso foi um fator importante para o sucesso da Tintas Coral, uma empresa fabricante de tintas. A Coral desenvolveu o Coral Color Service, um serviço para seus clientes efetivos e potenciais, que lhes permite experimentar cores e combinações diferentes.

O serviço não precisa necessariamente ser adicional ao produto. Em algumas circunstâncias uma redução pode agregar valor. Vejamos, por exemplo, o crescimento da Gol Linhas Aéreas. Seu aparente sucesso, o qual só se provará pela consistência daqui em diante, está vinculado à implantação de um modelo de negócio diferente de qualquer outro utilizado no mercado brasileiro. A parte mais visível é a sustentação de passagens aéreas em média 30% mais baratas que as da concorrência. A inovação, porém, está na estratégia que viabiliza esses preços. O modelo, conhecido como "baixo custo, baixa tarifa", se inspira nos que são adotados por companhias que estão obtendo lucratividade no igualmente complicado mercado mundial de aviação. É o caso da brasileira Azul Linhas Aéreas, cujo diferencial é o preço mais baixo, mas oferecendo também aeronaves modernas, limpas e um serviço impecável.

A prestação de um serviço de qualidade superior como meio de criar um vínculo entre o fornecedor e o cliente pode ter consequências marcantes. Em particular, ela torna o cliente menos propenso a buscar outras fontes de fornecimento e, portanto, age como uma barreira contra a entrada de concorrentes.

Para garantir o atendimento, é importante que a empresa realize periodicamente levantamentos do grau de satisfação do cliente para avaliar o quanto ela está atendendo às suas expectativas e para buscar meios de melhorar o atendimento.

Outros elementos do produto ampliado que podem ser usados para diferenciar o produto são a instalação, disponibilidade de crédito, entrega rápida e dentro do prazo, quando prometido, e garantia. Todos esses itens aumentam a diferenciação do produto em relação aos seus concorrentes.

Resumindo, existem muitas maneiras pelas quais os produtos e serviços podem ser diferenciados dos seus concorrentes. Ao escolher o tipo de diferenciação a adotar, devem ser levados em conta vários fatores: o valor agregado da diferenciação para o cliente, o custo da diferenciação em relação ao valor agregado, a probabilidade de o concorrente copiar a diferenciação e a velocidade em que isso ocorrerá, bem como o grau com que a empresa adota a inovação nos ativos de marketing da empresa, o que veremos no próximo capítulo.

2
A inovação em produtos

Conforme vimos no capítulo anterior, vivemos em uma era na qual a competição aumenta a cada dia que passa, em todos os seus níveis: na renda discricionária, no benefício, na categoria e no tipo de produto. Além da consequência mais óbvia, que é a tendência de enxugamento das margens de acordo com este acirramento da competição, o outro efeito mais imediato deste dinamismo do mercado é que o ciclo de vida dos produtos tem sido constantemente encurtado, diminuído (o que será discutido no capítulo 4).

Constatamos nos mais diversos ambientes empresariais que as organizações não conseguem mais aumentar receitas vendendo os mesmos produtos e serviços de sempre para a mesma carteira de clientes, em espaços cada vez mais curtos.

Importante frisar que não estamos indo contra os fundamentos tradicionais do mundo dos negócios; toda empresa tem que aumentar receitas, aumentar preços (se for possível) e reduzir custos e despesas. Esta matemática básica nunca muda. Porém, em períodos de recessão ou estagnação, aumentar preços é tarefa difícil para boa parte das empresas, aquelas que estão inseridas em segmentos competitivos. No que tange à redução de custos e despesas, a maioria das empresas está obtendo retornos decrescentes com as estratégias tradicionais de redução de custos e busca de eficiências. Isto é, poucas delas estão reduzindo custos bem mais rápido que suas rivais e, principalmente, de forma a manterem uma vantagem de custo sustentável. Quanto ao aumento de receitas, a forma que tem se mostrado mais substancial é a introdução, o lançamento de produtos que sejam capazes de agregar valor de forma ampla e, especialmente, perceptível para os clientes, conforme tratado no capítulo 1.

Sendo assim, mais do que nunca, as empresas precisam ser organismos empreendedores. O mercado demanda profissionais que sejam capazes de praticar, propor, tentar e gerar novas oportunidades e negócios rentáveis nas empresas. Outro fator de extrema importância é que o empreendedor não deve atuar somente no ambiente interno da organização. A cada dia percebemos que seu escopo deve ser mais amplo e, assim, as fontes de empreendedorismo têm sido a união de forças de empresas concorrentes ou não, substitutas, possíveis entrantes ao segmento, fornecedores e até clientes, por meio de alianças estratégicas, *joint ventures*, fusões, aquisições, associações e programas de relacionamento e fidelização.

Parecemos estar diante de um assunto de difícil sistematização, ao qual, com certeza, "receitas de bolo" não se aplicarão. Isso é uma grande verdade, porém a partir do estudo de exemplos e práticas de empresas nacionais e transnacionais, como a 3M, Dell Computadores, Unilever, Natura, Embraer, Arisco, entre outras, demonstraremos que existem formas para a modelagem e, especialmente, registro e possibilidade de rápida consulta e acesso a iniciativas empreendedoras.

Neste momento instala-se um dilema, pois a maioria dos empresários está apenas preocupada em chegar no final do mês, do trimestre. Porém, não será esta simples preocupação com os resultados de curto prazo que vai garantir a perpetuidade dos negócios de forma sustentável. É fundamental empreender e inovar buscando constantemente a diferenciação.

Inovação e invenção: conceitos e diferenças

Temos uma natural tendência de achar que apenas alguns poucos iluminados são capazes ou possuem o dom de inovar. O que cada vez mais vem sendo demonstrado por meio de pesquisas é que o talento criativo está distribuído naturalmente, e todos nós possuímos esta característica em algum grau de intensidade. A melhor forma de análise deste assunto é a observação das reações das crianças e adultos. Sugerindo o uso de um simples clipe de papel em um acampamento e pedindo para que ideias sejam apontadas em 60 segundos por um grupo de crianças, você terá uma diversidade enorme de possibilidades apresentadas. Já para um grupo de adultos, provavelmente você ouvirá um longo silêncio. A questão está vinculada aos bloqueios, aos preconceitos, que nos foram introjetados ou fizeram parte de nosso aprendizado, da nossa cultura e que, nesse caso, podem dificultar mais que ajudar. Nossa imaginação tende a se contrair à medida que nosso conhecimento e julgamento se expandem. Parafraseando os 4Ps do marketing, temos também os 5Ps dos fatores inibidores da criatividade, conforme a figura 2.

Figura 2

OS 5PS DOS FATORES INIBIDORES DA CRIATIVIDADE

- Pais
- Professores
- Padres
- Patrões

- PREGUIÇA...

Os quatro primeiros Ps, provavelmente, foram os fatores que vieram, na linha do tempo, moldando, restringindo seu talento criativo, criando um suposto sexto P — o dos preconceitos. O quinto, a preguiça, está intimamente ligado ao velho chavão segundo o qual, em uma grande ideia, 10% são inspiração e 90% são transpiração. Ser criativo, inovador, é uma prática. Como seria o uso do clipe de papel no acampamento, se estivéssemos sendo treinados, exercitando para tal a nossa visão? Além disso, ser inovador é uma prática difícil, pois adotar esta postura em muitos ambientes corporativos pressupõe a disposição de romper com algumas barreiras, os famosos paradigmas estabelecidos, e trazer para si a administração de conflitos, o que nem sempre é muito agradável para alguns.

Não podemos também esquecer o fato de que o sucesso na introdução de novos produtos está longe de ser uma atividade fácil e de êxito garantido. A inovação também é um risco. No Brasil, segundo entrevista realizada no Instituto Nacional de Propriedade Industrial (Inpi), mais de 80% dos produtos registrados não chegam nem a ser lançados e, em levantamentos realizados, apenas cerca de 200 chegaram a mais de US$ 15 milhões de faturamento e menos de 10 a US$ 100 milhões nos últimos 10 anos, numa base de cerca de 6 mil patentes (2002).

Nos EUA, o Departamento Nacional de Marcas e Patentes recebeu mais de 250 mil pedidos em 2002, com crescimento anual de 15% nos últimos anos.

Mas, apesar de a inovação significar risco, não podemos deixar de levar em consideração que ela também é foco de grandes oportunidades de ruptura na obtenção de novas receitas. Portanto, essas oportunidades devem ser exploradas. Neste caso, vamos utilizar um exemplo de insucesso para ilustrar. A Xerox foi uma empresa que não soube transformar grandes desenvolvimentos de produtos em negócios efetivos. Ela foi, durante grande parte dos anos 1970 e 80, a descobridora de diversos novos produtos de extrema relevância no mercado, como o computador pessoal, a rede de computadores Ethernet, o fax, a estrutura de janelas e navegação do Windows, o mouse para *notebooks*, entre diversos outros. Infelizmente, devido à manutenção do foco exclusivamente em seu principal negócio, a copiadora, todo o potencial desses negócios não foi explorado pela empresa. Contudo, o mercado desses produtos hoje é, pelo menos, milhares de vezes maior que o tamanho da própria Xerox.

Inovação = Oportunidade
Caso Xerox — Exemplos de inovações não implantadas

- Estrutura de janelas (Windows)
- Fax
- Primeira tecnologia de ambiente em rede — Ethernet
- Primeiro PC (*personal computer*)
- Multifuncional
- Mouse, *notebooks*

Outro aspecto que tem a tendência de limitar o nosso potencial na busca do empreendimento é a não diferenciação entre os conceitos de inovação e invenção. Temos a tendência de acreditar que o empreendedorismo caberá a poucos iluminados capazes de encontrar fatores que provocarão a total ruptura com o *status quo* para gerar um produto ou serviço absolutamente inovador. De fato, inventar é criar, engendrar, descobrir; já inovar é tornar novo, renovar, introduzir novidade em. A invenção tende a ser a ruptura, isto é, a criação de algo que seja absolutamente novo tanto para o mercado quanto para a própria empresa. Porém, a inovação reside no fato de ter o compromisso de buscar o foco nas boas ideias existentes e, especialmente, no fato de que não há mal algum em tomar emprestada uma ideia que já exista, desde que respeitadas as questões éticas e de propriedade industrial e intelectual. A virtude da inovação está em enquadrar essas ideias às necessidades por meio da adaptação, substituição, combinação, ampliação ou redução, outras utilizações, eliminação, reversão ou trazer de volta.

Não podemos limitar o escopo do empreendedorismo à invenção, à atividade de pesquisa e desenvolvimento. A competição entre a indústria americana e a japonesa nos anos 1980 foi um exemplo bastante interessante neste aspecto. A filosofia americana de lançamento de produtos era reconhecidamente uma atividade de pesquisa e desenvolvimento de ponta, exercida por engenheiros, com tendência a ciclos um pouco mais longos e buscando a invenção, a ruptura. Em contrapartida, o modelo japonês foi construído a partir de pequenos aperfeiçoamentos de ideias existentes, da melhoria contínua, de miniaturização, da modularidade. Muitas vezes algumas melhorias de produtos já haviam sido introduzidas, mas eram disponibilizadas pouco a pouco, como uma forma de manter o mercado em constante inovação. Para exemplificar esta modularização, existe o caso de um videocassete no qual, utilizando-se o controle remoto de um modelo posterior, descobria-se que algumas das "novas" funções já estavam incorporadas e eram funcionais no modelo anterior, porém não disponibilizadas.

A indústria japonesa foi extremamente bem-sucedida nesta estratégia de busca contínua de inovação até o momento em que, no início dos anos 1990, os americanos passaram a adotar o mesmo modelo, ampliando a sua forma de encarar o desenvolvimento de produtos.

Em síntese, se fôssemos avaliar a inovação segundo a teoria dos conjuntos, ela seria um conjunto mais amplo que contém, também, a invenção.

Várias empresas já incorporaram a importância da inovação em seus processos, mas a 3M, em especial, é um exemplo de instituição que tem a inovação incluída tanto na sua missão empresarial quanto na assinatura de sua marca. A empresa tem como meta: "30% da receita de cada divisão deve ser proveniente de produtos que foram lançados nos últimos quatro anos". Além disso, em todas as suas comunicações com o mercado a 3M assina "3M Inovação". A empresa lança mais de 100 produtos por ano e tem uma campanha de incentivo à inovação, direcionada para seus funcionários, denominada Golden Step, na qual são premiadas todas as criações que venham a alcançar mais de US$ 2 milhões de faturamento nos EUA ou US$ 4 milhões no mundo em até três anos após seu lançamento. A empresa fabrica mais de 60 mil produtos e toma o cuidado de criar divisões ou, até, novas empresas subsidiárias. Dessa forma, os produtos de maior volume, já existentes, não sufocam esses lançamentos, como o que aconteceu com a Xerox. Além disso, esses executivos inovadores da 3M são alçados, em boa parte dos casos, à liderança dessas empresas criadas a partir de seus novos produtos.

Tipos de novos produtos: para o mercado e para a empresa

Os novos produtos podem se enquadrar em dois grupos básicos sobre a ótica da inovação: novos para o mercado e novos para a empresa, tendo graus de intensidade de acordo com o ambiente empresarial em que se inserem.

A consultoria empresarial Booz-Allen & Hamilton avaliou os lançamentos de produtos nos últimos 10 anos, classificando-os em uma matriz com seis categorias, de acordo com a intensidade desta inovação tanto para a empresa quanto para o mercado (figura 3).

Figura 3
TIPOS DE NOVOS PRODUTOS NOS ÚLTIMOS 10 ANOS

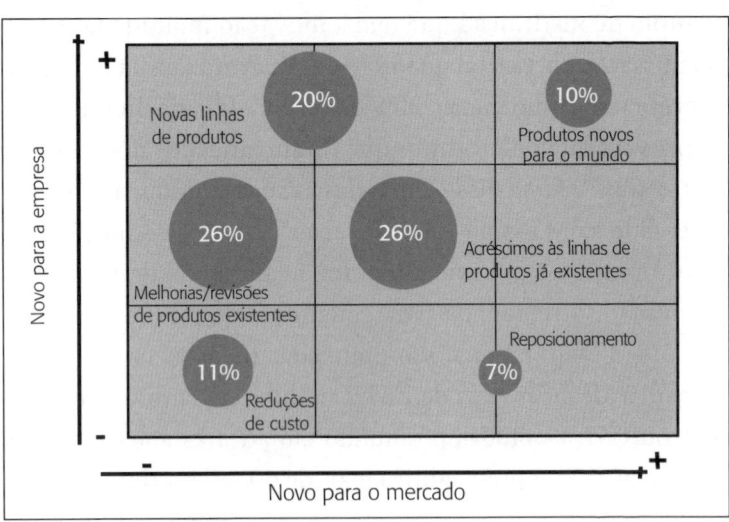

Fonte: Booz-Allen & Hamilton, 1982.

Novos para o mundo

Criam um mercado totalmente novo. Um exemplo relevante deste tipo de produto na última década é o telefone celular.

Novas linhas de produtos

Permitem a uma empresa entrar em um mercado já estabelecido. Uma empresa que vem atuando de forma bastante agressiva nesta categoria de novos produtos no mercado brasileiro nas últimas décadas é a Arisco. De seu produto-base original, o tempero caseiro de alho e sal, a empresa passou a atuar no mercado de alimentação como um todo, competindo com considerável sucesso até contra marcas consagradas, como a Nestlé e seus produtos líderes, como o Nescau. Seu sucesso acabou despertando o interesse de grandes compradores, fato que se consolidou com sua venda para a Kibon. Curiosamente, o mesmo antigo grupo controlador da Arisco vem se destacando recentemente em outro segmento, o mercado de lãs de aço, por meio da marca Assolan, adotando uma estratégia semelhante de desenvolvimento e gestão de produtos.

Acréscimos às linhas de produtos

Complementam famílias de produtos já existentes através de versões, embalagens, sabores, tamanhos etc. Um exemplo de adoção desta estratégia de novos produtos é o sabão Omo, da Unilever. Contrariando o pensamento tradicional, a Unilever lançou diversas versões do produto nos últimos anos: Máquina, Ação, Cores, Progress, Líquido, entre outros. No caso deste produto, um dos fatores que levou a esta decisão foi a mudança do perfil do consumidor do produto, que passou a ser mais sofisticado, com o amplo acesso ao uso das máquinas de lavar. Além disso, este produto tem como principal espaço para distribuição o supermercado. Com mais versões, o produto ocupa mais espaço de frente de gôndola, das prateleiras do supermercado.

Aperfeiçoamentos e revisões

Oferecem um melhor desempenho ou maior valor percebido na substituição dos produtos existentes, como o motor Fire, da Fiat, por exemplo.

Aqui vale lembrar que o valor percebido pelos consumidores é resultado da análise custo-benefício feita por eles. Portanto, para aumentar o valor percebido, devemos ou aumentar os benefícios ou reduzir os custos para o consumidor.

Os benefícios recebidos pelo consumidor refletem a qualidade do produto (características, marca, estilo, garantia, durabilidade, facilidade de uso, imagem, prestígio), dos serviços (empatia com os funcionários, confiabilidade) e, finalmente, a baseada na experiência (atmosfera, decoração da loja, propaganda, promoção, publicidade).

Os custos para o consumidor são os encargos monetários (preço de varejo, impostos sobre a venda, despesas de entrega) e os custos não monetários (tempo, esforço, risco e custo de oportunidade).

Reposicionamentos

Direcionam produtos existentes para novos mercados ou para novos segmentos. Reposicionamentos são movimentos de extrema dificuldade de atuação e não é à toa que somente cerca de 7% dos tipos de novos produtos se enquadram nesta categoria. Um exemplo extremamente importante no mercado brasileiro é o caso das sandálias Havaianas. Com sua nova proposta, aproveitando um inicial movimento de moda em São Paulo, passou-se a usar o produto (originalmente de classes C e D), que foi reposicionado, sofreu ajustes e revisões em compostos de borracha, cores e design, passando a ocupar também as classes A e B e o mercado internacional, chegando até a cerimônia do

Oscar. Este tem sido, sem dúvida, um excepcional exemplo, mas os reposicionamentos, de forma geral, não costumam ser movimentos bem-sucedidos.

Reduções de custo

Oferecem desempenho similar a um custo menor, geralmente vinculados a ganhos nos processos produtivos ou de distribuição, que são repassados, parcial ou totalmente, ao cliente final, como foi o caso do aparelho Sterilair, que passou a ser produzido em larga escala pela Yashica.

Fica assim demonstrado que apenas cerca de 10% dos lançamentos de produtos foram considerados invenção, isto é, novos produtos para o mercado e para a empresa, simultaneamente. Este fato só vem a validar a necessidade de ampliação do escopo do empreendedorismo como tratamos em "Inovação e invenção: conceitos e diferenças", pois a esmagadora maioria dos novos produtos está inserida na categoria das denominadas inovações.

3

Etapas para lançamento de novos produtos

Neste capítulo descreveremos, passo a passo, um roteiro básico das etapas do processo de lançamento de um produto, segundo uma adaptação à proposição de Kotler (2000). Este roteiro é composto por oito etapas:

- geração de ideias;
- análise e triagem;
- desenvolvimento do conceito e testes;
- desenvolvimento das estratégias de marketing;
- análise do negócio;
- desenvolvimento do produto;
- teste de mercado;
- comercialização.

Este processo é cíclico e, a cada resposta negativa, ou se abandona a ideia ou o conceito, ou se retorna ao passo anterior.

Os processos de gerência de produtos subsequentes ao roteiro básico, como a adoção pelo cliente, gestão do produto, portfólio e sua descontinuidade, serão tratados nos capítulos 7 e 8.

Geração de ideias

O processo de desenvolvimento de novos produtos se inicia com a geração de ideias. A identificação clara das necessidades dos clientes é o seu ponto de partida. A maior parte das ideias para novos produtos origina-se dos próprios clientes. Não é à toa que diversas empresas utilizam com frequência seus próprios clientes na descrição de seus problemas e necessidades. Algumas empresas, independentemente dos tradicionais grupos de pesquisa de foco, adotam um fórum com periodicidade definida e exclusiva para tal, como, por exemplo, a TAM e seu Conselho de Clientes. A cada mês a empresa patrocina uma reunião entre suas equipes, incluindo diretamente a presidência e sua alta gerência, com um grupo de 20 clientes de um total de 100 que compõem este conselho, selecionados de um grupo de viajantes frequentes. Em apenas uma reunião, 80 sugestões de novos produtos e melhorias foram coletadas neste fórum.

O incentivo à participação dos funcionários tem sido outra fonte bastante importante para a geração de novas ideias. A 3M tem implementado a "regra dos 15%", isto é, a empresa permite que o funcionário gaste até 15% de seu tempo se dedicando a projetos de interesse pessoal, incentivando todos os seus colaboradores a serem "defensores de produtos" e não somente os gerentes de produtos e pesquisadores. O *Post It* é o exemplo de um produto que surgiu desta regra.

A análise de produtos das concorrências direta e indireta também é outra fonte de busca de novas ideias. Os sistemas ou departamentos de inteligência de mercado, em alguns ambientes empresariais, tomam um papel fundamental no suporte e recomendação a decisões de novos produtos, especialmente com dados quantitativos e qualitativos para auxiliar a decisão. Feiras e eventos comerciais dos setores que envolvem a empresa devem ser considerados missões onde, em um único lugar, diversas informações podem ser colhidas. Distribuidores, fornecedores e representantes de vendas, atendimento e assistência técnica também têm importância crucial como fonte de geração de ideias pelo simples fato de terem contato direto com clientes e com produtos de concorrentes, podendo ponderar muito bem com uma visão externa. Esta é uma fonte que, particularmente, tem sido negligenciada pelas empresas que, muitas vezes, limitam ou somente entendem os fornecedores, distribuidores e representantes exercendo seus papéis originais. Por outro lado, algumas organizações já até incentivam e premiam estes colaboradores indiretos na implementação de novos produtos ou melhorias sugeridas pelos mesmos.

A alta gerência também é outra fonte de novas ideias. Alguns executivos trazem este desafio para si. Outros acham que devem estabelecer um ambiente propício para tal. Um exemplo relevante desta postura é o de Michael Dell, da Dell Computadores. Inicialmente, foi o responsável pelas inovações e hoje tem a missão de propiciar um ambiente que as facilite, apesar de que, em sua autobiografia, confessa ser difícil "tirar o dedo", deixar de se envolver nesta atividade.

Existem ainda as fontes externas, como inventores, advogados de patentes, laboratórios de universidades, laboratórios comerciais, consultores, agências de propaganda, empresas de pesquisa e publicações setoriais.

Diversas técnicas podem ser utilizadas para a geração de novos produtos. Entre elas destacam-se a listagem de atributos; os relacionamentos forçados; a análise morfológica e identificação da necessidade ou problema, bem como a *scamper*, ou seja, *s*ubstituir (componentes, materiais); *c*ombinar (novos serviços); *a*daptar (alterar, mudar funções); *m*odificar (formato, cores); *p*ôr para outro uso (novas utilidades); *e*liminar (elementos) ou *r*everter (o que não deve ser feito). Esta e outras técnicas de geração de novas ideias estão detalhadas em <www.mindtools.com>. Com o objetivo de buscar um enfoque mais prático, direcionaremos a descrição para uma técnica de amplo uso que é o *brainstorming*.

Técnicas de geração de ideias

Na figura 4 apresentamos um resumo da metodologia das técnicas de geração de ideias. Neste caso, estamos aplicando o denominado diagrama de Parnes (figura 5).

Figura 4
TÉCNICAS DE GERAÇÃO DE IDEIAS

❏ Listagem de atributos
❏ Relacionamentos forçados
❏ Análise morfológica
❏ Identificação da necessidade/problema
	❏ *Brainstorming*
	  ❏ Grupo de seis a 10 pessoas
	  ❏ Uma a duas horas – manhã
	  ❏ Crítica proibida
	  ❏ Divagação bem-vinda
	  ❏ Quantidade encorajada
	  ❏ O "gancho" utilizado

	❏ "Toró de palpites"

A proposta desse modelo é que em, no máximo, cinco sessões rápidas de *brainstorming* se consiga estruturar uma ideia para a decisão de sua seleção. Os cinco passos são: a identificação de requisitos do cliente, a determinação de requisitos do produto associados a essas necessidades dos clientes, a descrição da ideia do produto, a coleta de dados sobre esta ideia para suportar sua decisão e o seu desenvolvimento para a apresentação e tomada de decisão. A proposta baseia-se integralmente no modelo de *brainstorming*, que tem como regras básicas um grupo multidisciplinar de seis a 10 pessoas, com sessões de, no máximo, duas horas, preferencialmente pela manhã. A quantidade das ideias é incentivada, independentemente da qualidade, a crítica inicial é proibida e o "gancho" (aproveitamento de ideias originais para seu desenvolvimento e aprofundamento) é utilizado. As sessões são, em um primeiro momento, divergentes, isto é, de total liberdade de expressão, e, próximo de seu final, convergentes, com as críticas acontecendo e o consenso e o envolvimento do grupo em torno da evolução da ideia sendo buscados de maneira a consolidar sua estruturação. Apesar de o exercício de *brainstorming* ter um conjunto de regras que soa um tanto quanto incompatível, estas são as recomendações para se alcançar uma melhor estruturação das ideias.

Figura 5
BRAINSTORMING: DIAGRAMA DE PARNES

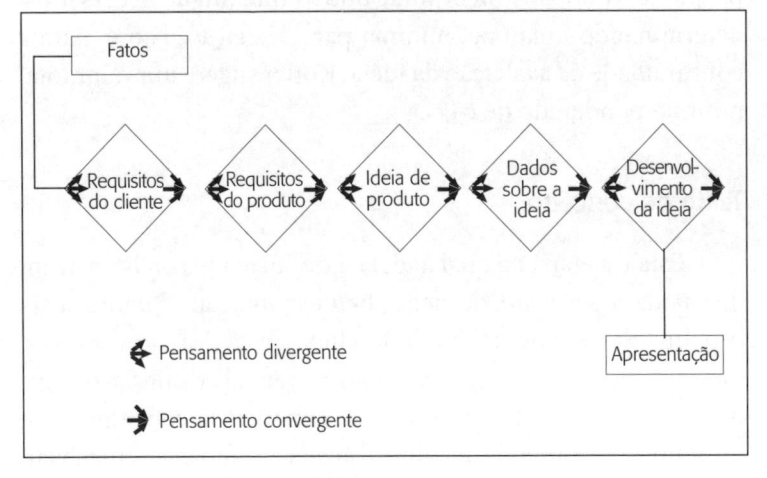

Fatos → Requisitos do cliente ↔ Requisitos do produto ↔ Ideia de produto ↔ Dados sobre a ideia ↔ Desenvolvimento da ideia → Apresentação

← Pensamento divergente
→ Pensamento convergente

Análise e triagem

A análise e triagem de ideias é uma atividade subsequente à geração de ideias e tem como objetivo principal descartar as ideias ruins para se evitarem altos custos de desenvolvimento desnecessários que vão se incorporando a partir desta etapa. As empresas pedem, geralmente, no mínimo, as seguintes informações para poder suportar o seu processo decisório: descrição da ideia do produto, mercado total e alvo estimado em volumes e valores, concorrência, preço, custos de desenvolvimento e produção estimados e avaliação de retorno deste projeto. Exatamente por isto se propõe a estruturação dos passos do diagrama de Parnes para a estruturação da ideia de produto que foi gerada, pois ela pode contemplar bem estes passos.

Geralmente, um comitê executivo avalia a ideia. Kotler (2000) sugere a adoção de uma avaliação ponderada das probabilidades do sucesso de uma ideia de produto segundo as perspectivas do seu uso, relação custo-benefício, suporte financeiro para o programa de marketing e a força dos seus concorrentes.

A empresa irá ponderar esses requisitos, segundo seus próprios critérios, e incorporar outros que julgue necessários, determinando uma taxa mínima para aceitação, isto é, para a continuidade da avaliação da ideia. Kotler sugere um valor total mínimo ponderado de 61%.

Teste de conceito

Esta é a etapa na qual a ideia é traduzida para a linguagem que poderá ser avaliada pelo cliente potencial. Quanto mais próxima da experiência final do cliente esta descrição estiver, mais preciso será o teste, sua análise e tomada de decisão. Sendo assim, o ideal é tangibilizar esta experiência com amostras, protótipos. A computação gráfica, aliada à realidade virtual, vem sendo muito utilizada para poder tanto reduzir custo quanto ampliar a sua aplicação para grupos maiores de clientes potenciais, mesmo a distância.

No teste de conceito, a empresa se propõe a avaliar as dimensões de comunicabilidade e credibilidade, nível de necessidade, nível de lacuna, valor percebido, intenção de compra e clientes-alvo, com suas ocasiões e frequências de compras. Questões como tipos de embalagens, faixas de preço, sugestões de nomes de marca também são avaliadas preliminarmente nesta etapa.

Desenvolvimento da estratégia de marketing

A estratégia de marketing se subdivide em três etapas. A primeira descreve o tamanho, a estrutura e o comportamento do mercado-alvo; o posicionamento do produto, as metas de vendas, participação de mercado e lucros que serão atingidos nos primeiros anos.

A segunda descreve o preço planejado, a estratégia de distribuição e o orçamento de marketing, enquanto a terceira etapa descreve as metas de vendas e lucros de longo prazo e a estratégia de *mix* de marketing ao longo do tempo, isto é, a estratégia dos 4Ps de marketing, de acordo com o atingimento de determinadas metas e etapas do ciclo de vida do produto, que será detalhado no capítulo 5.

Análise do negócio

Neste ponto, o gerente de produto fará o detalhamento da estimativa de resultados financeiros do negócio ao longo do tempo, incluindo receitas, custos, depreciação de investimento e lucros. Trata-se de uma etapa absolutamente crucial, pois a ponderação, ou seja, uma visão realista e desprendida do amor à ideia, ao produto, orientará a empresa em uma decisão importante: dar início ou não ao desenvolvimento do produto em si, com diversos custos envolvidos.

A estimativa de receitas deve levar em consideração o tipo de produto na sua distribuição na linha do tempo. Produtos geralmente de venda única, como imóveis, por exemplo; produtos de vendas de reposição, bens industriais duráveis como geladeiras, por exemplo; e produtos de venda frequente, como bens de consumo e bens industriais não duráveis.

Para esta análise, geralmente se constrói um demonstrativo de resultados do exercício do produto, recomendando análises de no mínimo cinco anos, dependendo, é claro, do tipo de produto a ser avaliado. Este período exclui o(s) ano(s) de desenvolvimento do produto, nos quais não haverá, ainda, receitas auferidas. Este demonstrativo sugerido possui, geralmente, as seguintes linhas:

- receita bruta de vendas (preço unitário *versus* quantidade; inclui repetição ou reposição);
- impostos;
- receita líquida (linha 1 – linha 2);
- custo dos produtos vendidos (custos aplicados diretamente à produção);
- margem bruta (linha 3 – linha 4);
- custos de desenvolvimento;
- custos de marketing;
- custos indiretos (despesas da empresa não ligadas à produção; inclui despesas de vendas e administração alocadas);
- margem de contribuição bruta (linha 5 – linha 6 – linha 7 – linha 8);
- margem de contribuição suplementar (impacto positivo ou negativo do produto nas margens do portfólio existente);
- margem de contribuição líquida (linha 9 – linha 10);
- depreciação de investimentos realizados (de acordo com normas contábeis nacionais);
- lucro líquido antes do imposto de renda (linha 11 – linha 12);
- lucro líquido descontado, aplicado à taxa ponderada de rentabilidade do capital próprio e de terceiros, que varia de

acordo com o que o mercado financeiro projeta de retornos nas previsões do momento da análise, bem como expectativas dos acionistas (taxas de desconto entre 10 e 20% têm sido utilizadas); aproxima-se do conceito de valor econômico agregado ou EVA (*economic value added*), neste caso aplicado especificamente ao produto. Esta medida tem sido muito utilizada por empresas na análise de seus negócios e determinação de metas financeiras.

Outra demonstração financeira também muito aplicada pelas organizações nesta etapa é o cálculo do ponto de equilíbrio, isto é, a partir de quantas unidades vendidas do produto os investimentos e custos se pagam. As despesas e os investimentos do período de desenvolvimento devem ser considerados neste cálculo. A análise de risco também é um fator avaliado e, para tal, muitas vezes se usa a projeção de cenários — otimista, realista e conservador.

Desenvolvimento de produto e QFD

Quando o produto vai para a área de pesquisa e desenvolvimento ou para a engenharia (no caso de serviços, para as áreas de processos ou desenvolvimento de sistemas) é fundamental que as necessidades de clientes, identificadas e transformadas em atributos do produto, sejam incorporadas na especificação, desenvolvimento e produção do mesmo, isto é, em um atributo de engenharia. Esta tradução é apoiada em um conjunto de métodos denominada *quality function deployment* (QFD), permitindo avaliar as opções e os custos para atender aos desejos dos clientes. Tem servido também como uma contribuição fundamental à melhoria da comunicação entre os profissionais de marketing, engenheiros e pessoal da produção. Geralmente se avaliam as preferências dos clientes potenciais de acordo com as opções a serem apresentadas aos clientes. Supondo que existam três possibilidades (A, B e C), se avaliam: a ordem de classificação (A>B>C), a comparação entre pares (A vs. B, A vs. C, B vs. C) e a classificação, um a um, de acordo com uma escala gradual, geralmente de sete pontos (1 — não gosta, até 7 — gosta muito).

Testes de mercado

Ao chegar nesta etapa, o produto está pronto para ser embalado e ganhar uma marca, devendo ser testado em situações próximas da realidade. O método e as possibilidades de testes de mercado são distintos para produtos destinados a empresas ou a indivíduos.

Para bens destinados a organizações produtivas se usam os testes *alfa*, isto é, com usuários da própria empresa, e para indivíduos, o teste *beta*, com clientes potenciais selecionados e acompanhados, detalhadamente, pelo pessoal técnico da empresa. Esses testes são muito utilizados pela indústria de software para maturar seus produtos e identificar correções ou adequações finais necessárias (e, pela experiência de mercado, nem todas são corrigidas, pela pressão do tempo de lançamento).

Um segundo método utilizado em bens empresariais é o de lançamento em feiras e eventos que possibilitam a exposição a um grande grupo de clientes, o que acaba, de certa forma, se assemelhando a um teste *beta*, possibilitando correções finais. A desvantagem deste método é que os produtos são revelados antecipadamente aos concorrentes diretos e indiretos. Sendo assim, a empresa tem que estar muito bem preparada para fazer o lançamento oficial logo após o evento, para correr menos riscos.

Outra estratégia que vem sendo utilizada por empresas muito dominantes é a de antecipar o lançamento de versões, mesmo que elas não estejam prontas ou próximas de ficar prontas. Isto acaba fazendo com que o cliente postergue a sua compra, minimizando e retardando o assédio imediato de concorrentes menores. Essa estratégia de antecipação de testes vem sendo adotada amplamente pela Microsoft no produto Windows.

Quanto aos produtos de consumo, os principais métodos são: a pesquisa de onda de vendas, o mercado-teste simulado, o mercado-teste controlado e o mercado-teste em si.

A pesquisa de onda de vendas se aplica muito a produtos de compra repetida. O produto é oferecido a um grupo de clientes em ondas (de três a cinco vezes) e a empresa avalia a sua adoção, repetição e satisfação em relação aos produtos concorrentes. Tem a vantagem de ser de rápida implementação, porém não possibilita uma análise mais detalhada como os demais métodos.

O mercado-teste simulado pode ser realizado com pequenos grupos de potenciais clientes que, após verem anúncios de produtos concorrentes, direta ou indiretamente incluindo aquele que está em teste, porém sem qualquer destaque, são convidados a comprar um desses produtos em um ambiente controlado, como uma loja ou shopping. Após a seleção, avaliam-se as compras efetuadas e o porquê das escolhas. Os que não escolhem os produtos são convidados a experimentar amostras grátis. Após algumas semanas, o teste é retomado com os mesmos clientes para avaliar suas percepções comparativas sobre o produto testado e sua satisfação de uso, pessoalmente ou por telefone. Tem a vantagem de ser consideravelmente rápido e não muito caro, com resultados razoavelmente precisos. Aplica-se muito bem a produtos que tenham canais de distribuição únicos ou limitados.

O mercado-teste controlado é feito em um conjunto de lojas que pertencem às localidades geográficas alvo do teste. O produto é exposto como o seria em uma situação normal de demonstração nas lojas, sendo suas performances de vendas, propaganda e promoção monitoradas. É um intermediário entre o simulado e o mercado-teste em si, mais barato que o segundo e mais preciso que o primeiro.

O mercado-teste em si é o teste mais acurado sobre o produto, pois ele tem o objetivo de simular uma situação real em uma ou algumas cidades. Contempla toda a ação, desde a venda ao comércio varejista, promoção, descontos, bonificações, campanha completa de comunicação de marketing, exposição. É o mais completo e mais caro. No Brasil, algumas cidades são habituais para lançamentos de produtos de consumo para as classes A, B e C por propiciarem situações bastante variadas de exposição e teste, como Curitiba, Ribeirão Preto e Campinas. Importante frisar que o mercado-teste completo não garante o sucesso no lançamento do produto. Um exemplo recente foi o do Frutopia, da Coca-Cola. O produto é um sucesso nos EUA e também o foi nos mercados-teste no Brasil, porém seu lançamento nacional ficou muito distante de atingir os resultados esperados, e sua oferta foi descontinuada aqui.

Comercialização (roll-out)

Neste momento todas as fases do desenvolvimento devem ser postas em prática. É a etapa final do lançamento e a inicial da gestão do produto; seus impactos no portfólio que serão tratados mais adiante, no capítulo 5. É geralmente quando se tem os maiores custos e é quando se deve levar em consideração quando, onde, para quem e como, para a implementação gradativa do produto.

Estratégias para diferenciação de produtos

Independentemente do quão bem-sucedido o caminho adotado durante o processo de desenvolvimento do produto como vimos em "Inovação e invenção: conceitos e diferenças" e "Tipos de novos produtos: para o mercado e para a empresa", a inovação em busca da diferenciação é fundamental para a perpetuação do sucesso empresarial.

Mas, onde e que fatores as empresas têm procurado para se destacar e obter um diferencial competitivo sustentável? A resposta está vinculada a quatro possíveis frentes de atuação para inovação, não excludentes: o produto, os serviços, o relacionamento com os clientes e a capacidade de produção e distribuição da empresa.

Apesar de essas frentes não serem excludentes, é importante frisar que a diferenciação de uma empresa por mais de uma delas não é muito usual.

Por meio do exemplo de algumas empresas, ilustraremos quais foram as diferentes opções de diferenciação adotadas de acordo com o seu segmento de atuação e seus pontos fortes.

Começaremos pela Dell Computadores. Sua inovação tem como principal pilar a mudança na filosofia de produção (montagem), passando a ser efetuada pelo próprio cliente, de maneira customizada. Por sua vez, a distribuição passa a ser feita diretamente para o cliente, sem intermediários na cadeia produtiva, sem margens acumuladas e, consequentemente, sem repasses aos preços. O relacionamento com o cliente passa a ser efetuado de maneira remota, isto é, a distância, tanto na prospecção quanto no atendimento e assistência técnica. Nestes itens, há uma enorme preocupação da empresa em oferecer tratamento personalizado, porém condizente com a sua estrutura de custos. A empresa, criada em 1984, em um quarto de uma universidade no Texas, EUA, é hoje a maior vendedora de computadores do mercado americano. O modelo Dell inova, de forma bastante ampla, em quase todas as dimensões propostas. Na produção/distribuição, eliminando estoques e entregando diretamente; na formatação do produto, com a customização efetuada pelo cliente no ato da compra; na dimensão do relacionamento remoto e personalizado; no serviço, pois as máquinas podem ter assistência domiciliar.

Outro exemplo bastante interessante é o da Renault e sua minivan Espace. A empresa sempre foi uma fabricante de automóveis muito limitada no design de seus veículos. Em 1984, a Renault recebeu do governo francês a incumbência de assumir a massa da empresa em concordata da divisão automobilística da Matra. A Matra era uma empresa de automóveis especiais e carros-conceito, chegando até a competir na Fórmula 1, durante os anos 1970. Ela dominava o design e a produção em pequena escala através da utilização de materiais alternativos, em especial o plástico, que, naquela época, se demonstrava muito mais viável economicamente que o aço para pequenos volumes de produção. A introdução da Matra na Renault acabou possibilitando a união de diferentes forças para a criação de vantagens competitivas no desenvolvimento de produtos. Somente com o design da Matra e o domínio da produção de carrocerias utilizando peças plásticas foi possível a criação do Espace, uma minivan que criou e conquistou um substancial mercado antes não explorado pela Renault. Além disso, seu conceito de enorme aproveitamento e flexibilidade do espaço interno, aliado a um design inovador, foi incorporado em um modelo menor, o Renault Scénic, que vem sendo líder de vendas no seu segmento no Brasil desde sua introdução, em 1999, além de a Renault ter sido escolhida a empresa automobilística de maior satisfação de clientes em pesquisa independente realizada com eles em 2002. A empresa, antes mais uma fabricante de carros de boa reputação técnica, com a incorporação de outras forças competitivas por meio desta aliança (no caso, forçada), cria um patamar totalmente distinto e inovador no setor. Este fato só vem a reforçar a importância das alianças estratégicas para a busca de inovação e diferenciação, que cresce a cada dia.

4

O ciclo de vida do produto

Como vimos no capítulo 1, "produto é qualquer oferta que possa satisfazer a uma necessidade ou a um desejo" (Kotler, 2000). Isso implica dizer que produto pode ser um bem (algo material, tangível), um serviço (imaterial, intangível). Pode ser ainda: pessoas (um candidato a cargo eletivo), lugares (por exemplo, Porto de Galinhas, em Pernambuco), eventos (o Carnaval no Rio de Janeiro), ideias (um projeto de um novo empreendimento), causas (o Greenpeace, protegendo a natureza). Ou seja, qualquer coisa que possa ser trocada por dinheiro ou outro valor qualquer, entre eles o tempo do consumidor.

Um produto resistirá "vivo" no mercado enquanto estiver atendendo às necessidades dos consumidores, sejam elas necessidades facilmente perceptíveis, como a de um tênis para fazer caminhada, ou necessidades nem tão claras, como a impressão de uma tatuagem — que, no entanto, faz com que o usuário se sinta incluído em um grupo de referência, em um movimento ou mantenha um estilo de vida.

Se o produto deixar de ser atraente ou cobiçado pelos compradores, deixará de ser comprado e produzido, encerrando, portanto, o seu ciclo de vida.

Acompanhar o ciclo de vida dos produtos (CVP) é fundamental para o desenvolvimento da organização, pois em cada fase do CVP a empresa deve alterar a estratégia e o volume de investimento sobre o produto ou grupo de produtos.

O disco de vinil que nossos avós colocavam em seus gramofones e posteriormente em suas vitrolas viveu pouco mais de 70 anos, embora ainda exista uma pequena produção para nichos de mercado. No início dos anos 1970 chegou um produto substituto, a fita cassete, que reinou absoluta no mercado musical por aproximadamente 20 anos. A maioria das casas e automóveis das décadas de 1970 e 80 era adornada por possantes toca-fitas.

Nos anos 1990 um novo produto chega ao mercado brasileiro, o *compact disc* (CD), com grande capacidade de armazenar músicas, um pequeno volume a transportar e guardar e alta qualidade sonora. Esse novo produto, hoje com pouco mais de 10 anos de vida comercial, começa a sofrer a concorrência de um novo meio de registro musical, o MP3. Parece, como demonstra o exemplo anterior, que a tecnologia, o crescimento das inter-relações pessoais conquistadas pelo processo de globalização e a concorrência cada vez mais acirrada têm reduzido o tempo de vida dos novos produtos.

Como pudemos perceber, estudar e conhecer o ciclo de vida dos produtos é uma das condições essenciais para o sucesso de uma empresa.

O conceito de ciclo de vida dos produtos

Podemos assegurar que todos os produtos têm um ciclo de vida, que correlaciona seus históricos de vendas e os lucros gerados.

Segundo Churchill Jr. e Peter (2000:238), "o ciclo de vida do produto é um modelo dos estágios do histórico de vendas e lucros de um produto".

Já Kotler (2000:326) nos afirma que

> para dizer que o produto tem um ciclo de vida, temos que afirmar quatro pontos:
>
> - os produtos têm uma vida limitada;
> - as vendas dos produtos atravessam estágios distintos, sendo que cada um apresenta desafios, oportunidades e problemas diferentes para o vendedor;
> - os lucros sobem e descem em diferentes estágios do ciclo de vida do produto e, finalmente;
> - os produtos requerem estratégias de marketing, financeiras, de produção, de compras e de recursos humanos diferentes a cada estágio de seu ciclo de vida.

Um produto que obtém sucesso percorre, geralmente, quatro estágios ou quatro fases ao longo de sua vida ativa no mercado: introdução, crescimento, maturidade e declínio.

Antes de analisarmos os estágios do CVP, cabe destacar que nem todos os produtos cumprem todos os estágios do ciclo de vida. Na verdade, a maioria deles não chega à fase de maturidade, sucumbindo em sua trajetória por diversos motivos: inadequação mercadológica, erros de estratégia de marketing, superação por concorrentes etc. No próximo capítulo você conhecerá o modelo BCG, que analisa a carteira de produtos de uma organização.

Kotler (1999:241) destacou que

> de cada 58 ideias de novos produtos que surgem nas empresas, apenas 12 transformam-se efetivamente em projetos. Destas, cinco são descartadas na fase de análise financeira e outras quatro morrem no estágio de desenvolvimento de produto. Três

produtos, apenas, chegam a passar por teste de mercado e um único é lançado com sucesso [veja o capítulo 3].

Um exemplo razoavelmente recente de fracasso foi o lançamento no Rio de Janeiro, pela Coca-Cola, do refrigerante Frutopia. Apesar de ter havido exaustivas pesquisas de mercado e de sabor, além de uma forte campanha publicitária sobre o seu lançamento, focada nos jovens e num sabor diferente, e uma distribuição intensiva, inclusive das "novas geladeiras" para autosserviço em bares, restaurantes e lojas de conveniência, o novo produto não teve aceitação, sendo retirado do mercado poucos meses depois de seu lançamento. Por certo, deixou um rastro de prejuízo para a empresa e uma grande lição para os seus executivos.

Ressalte-se, aqui, que no mercado americano esse produto resiste, e com razoável sucesso. Logo, um produto pode ser sucesso em determinado mercado e fracasso em outro, o que demonstra a importância de sempre se estudar o comportamento dos consumidores por segmentos de mercado.

Outro exemplo atual de produto que não está "decolando" no mercado e que por certo terá uma vida curta é o automóvel Bora, da Volkswagen. Em algum momento de seu lançamento ou na sequência da administração do produto houve um erro de análise e de decisão estratégica. Certamente há um erro em um dos Ps do marketing. O *p*roduto (marca, qualidade, design, embalagem, garantia, assistência técnica) está inadequado? O *p*reço está inadequado? A *p*raça (localização, logística) está inadequada? A *p*romoção (propaganda, publicidade, promoção de vendas, venda pessoal) está inadequada?

Você, por certo, se lembra de vidas efêmeras de alguns produtos, tais como os automóveis Pointer e Logus da Volkswagen, o 147 e o Oggi da Fiat, e outros que necessitaram ser renovados e reposicionados, buscando uma nova posição no mercado, como o Gol da Volkswagen, o Ka da Ford e o Brava e o Siena da Fiat, que mereceram revisões completas de todo o composto de marketing para prosseguirem em seu ciclo de vida. Lembrem-se de que há, ainda, os produtos que necessariamente têm um tempo de vida curto como, por exemplo, as coleções da indústria da moda.

Logo, podemos perceber que o lançamento constante de novos produtos é fator fundamental na estratégia de marketing das organizações.

Características do ciclo de vida dos produtos

Ao ser lançado, um produto já traz um custo significativo, contraído entre a geração da ideia e a sua colocação no mercado. Assim, antes mesmo de ser comercializado ele já contabiliza algum "prejuízo" (custo) para a organização.

A figura 6 demonstra, de forma geral, o ciclo de vida dos produtos. Destacamos que nem todos os produtos percorrem todo o ciclo; alguns passam de introdução para a morte rapidamente.

Figura 6
CICLO DE VIDA DOS PRODUTOS

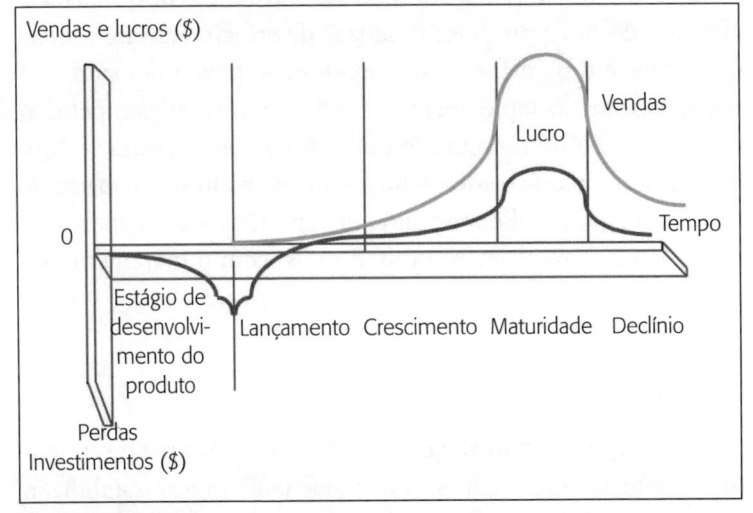

Fonte: Sandhusen, 1998:62.

Vejamos então as fases mencionadas.

Introdução

Esse período representa o lançamento do produto na carteira de ofertas da empresa. Suas vendas começam lentamente, uma vez que o produto não é conhecido pelo mercado. De modo geral, o custo de produção é alto, pois a empresa ainda não adquiriu a experiência necessária para reduzir os custos de produção, assim como o volume de produção/vendas não permite economias de escala. O produto recém-lançado necessita ainda de investimentos em desenvolvimento tecnológico, embalagem, distribuição e propaganda. Essa fase se caracteriza por prejuízos constantes.

Crescimento

Nessa fase há uma expansão significativa das vendas, visto que uma grande parte dos consumidores potenciais toma conhecimento da existência do produto. Aumentando o volume de vendas, surge a economia de escala e a distribuição de forma mais eficiente do novo produto. É na fase de crescimento de vendas que aparecem os primeiros concorrentes, pois a demanda do mercado aumenta rapidamente. O mercado fica mais competitivo com a entrada de um grande número de concorrentes, e com isso cresce a necessidade de novos investimentos por parte da empresa para consolidar e aumentar a participação de mercado, o que se dá num momento difícil, pois, com o incremento de oferta, os preços caem.

Maturidade

O estágio da maturidade se caracteriza por um crescimento de vendas lento e baixo. As vendas tendem a se estabilizar, tão somente acompanhando, nessa fase, o crescimento vegetativo do mercado. Estão instalados no segmento todos os concorrentes; logo, a luta por parcela de mercado implica desalojar alguma organização que já esteja instalada. Os lucros se estabilizam ou começam a declinar no final do estágio da maturidade.

Declínio

Na quarta e última fase — o declínio — o produto fica obsoleto, superado por algo que o substitui ou porque está saindo de moda. As vendas caem vertiginosamente e os lucros despencam. As empresas reduzem os investimentos em desenvolvimento, propaganda, distribuição e diminuem a oferta de diferentes modelos. Ao fim do estágio de declínio a organização deverá decidir o momento de retirar o produto do mercado ou reposicioná-lo em outro nicho específico.

O reciclo do produto

Nem sempre todos os produtos passam por todas as fases do ciclo de vida, fazendo uma trajetória gráfica em forma de S, como na figura 7.

Alguns produtos são tão admirados pelo mercado consumidor que podem sair direto da fase de introdução para a maturidade, sem mesmo passar por um rápido estágio na fase de crescimento.

Outros produtos passam da fase de maturidade para um novo período de crescimento lento, afastando o declínio por algum tempo. Isso ocorre fundamentalmente pelo incremento de forte propaganda. Esse segundo arco é o reciclo.

Figura 7

RECICLO DOS PRODUTOS

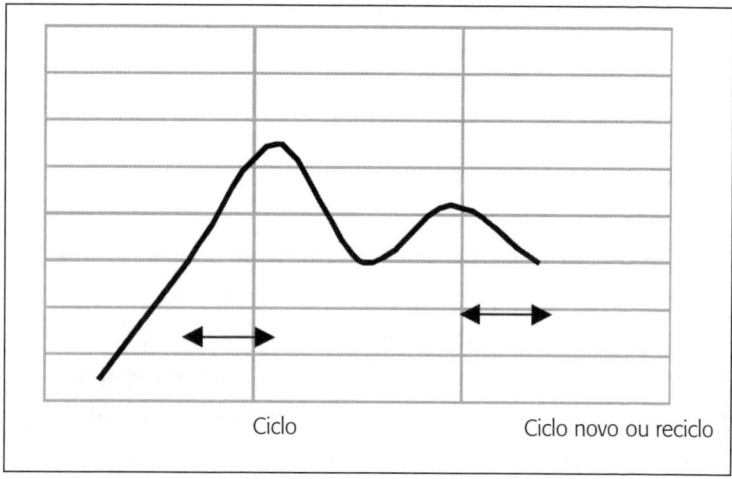

Ciclo	Ciclo novo ou reciclo

Fonte: Kotler, 2000:326.

Com o crescimento do mercado de televisão no Brasil, lá pela metade da década de 1960, os estudiosos de marketing, assim como os profissionais de mídia, acreditavam que o rádio estaria com seus dias contados e que, a partir do início dos anos 1970, entraria numa fase de declínio. Isso seria verdade tanto para o negócio rádio quanto, consequentemente, para o equipamento rádio.

Contrariando as expectativas da época, parece-nos que o rádio experimenta ainda a sua maturidade sem dar nenhum sinal de declínio. Ao contrário, mantém um crescimento lento, possivelmente apenas vegetativo, mas está longe do declínio. Nos grandes centros urbanos cresce de forma segmentada e segura, como meio de lazer, informação e até mesmo cultura. No interior, nas áreas rurais, continua sendo um grande elemento de integração social, encontrou novas formas de programação, incorporou a frequência modulada (FM), passou a ser companheiro de "donas de casa" em suas tarefas domésticas. Encontrou leais companheiros no trânsito urbano e... continua vendendo.

Por outro lado, um negócio que apresentava crescimento contínuo no Brasil dos anos 1950 a 70 repentinamente experimenta queda significativa no mercado. O fósforo, a nossa tradicional caixa de fósforos.

Alguns fatores colaboraram para o declínio do produto, podendo-se destacar o surgimento dos isqueiros de baixo custo e grande confiabilidade, produzidos pela BIC e pela Gillette. E em uma de suas propagandas a BIC enfatizava: "acende mil vezes ou mais", buscando uma comparação com a caixa de fósforos que continha 45 palitos.

Outro fator importante foi o acendimento automático dos modernos fogões a gás. Uma vela de automóvel plugada no fogão e um interruptor de eletricidade fazem a chama brotar sem a necessidade do palito de fósforo.

Vemos, portanto, dois produtos novos, atuando em segmentos de mercado distintos, acelerar o declínio de um produto de grande sucesso.

Hoje, a empresa líder do segmento de palitos de fósforos continua operando, mas nos parece que se restringe a mercados distintos e pequenos: o mercado doméstico de menor poder aquisitivo e o segmento de brindes, ou seja, caixinhas de fósforos para restaurantes e hotéis, não mais em palitos de madeira e sim de papelão. Como já existem acendedores elétricos para churrasqueiras e para lareiras, cremos que esse segmento — que ainda existe para os palitos de fósforo — tende também a desaparecer.

5

Análise do ciclo de vida do produto

No capítulo anterior vimos que os produtos têm um ciclo de vida desde seu desenvolvimento até o seu eventual desaparecimento.

Contudo, não podemos imaginar que todos os bens e serviços tenham o mesmo comportamento ao longo do tempo. Há produtos que se tornam um sucesso imediatamente após seu lançamento; há outros que demoram a ser aceitos pelos consumidores.

No que tange ao tempo de vida, há produtos que fazem sucesso temporariamente, enquanto outros perduram por mais tempo.

Neste capítulo, estudaremos os diversos tipos de padrões de comportamento do ciclo de vida dos produtos, bem como suas análises gráficas.

Análise gráfica do ciclo de vida de um produto

A curva do ciclo de vida de um produto proposta por Sandhusen (1998) é a mais comum para a maioria dos produtos que cumprem o ciclo completo. Kotler (2000:326) diz que a "maioria das curvas de ciclo de vida é retratada em forma de sino", conforme está demonstrado na figura 8.

Figura 8

CURVA DO CICLO DE VIDA DE UM PRODUTO

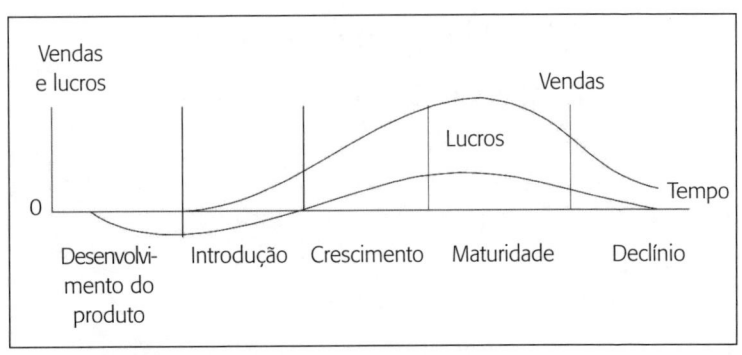

Fonte: Sandhusen, 1998:325.

Existem, no entanto, outros formatos de curva do CVP de acordo com as variações de consumo para cada tipo de produto.

Sandhusen (1998) propôs alguns formatos adicionais para o CVP para produtos de consumo de moda. Propomos aqui, como exercício, que você desenhe intuitivamente as curvas para os seguintes produtos:

- explosivos — produtos populares, que vendem por muito tempo (por exemplo, sandálias Havaianas e canetas BIC);
- modismos — produtos de rápida popularidade e rápido declínio (por exemplo, personagens e modas de novela);
- modismos estendidos — têm vendas residuais após o sucesso inicial (por exemplo, piteiras Targuard para reduzir a nicotina dos cigarros e bolsas capanga para homens);

- da moda — vendem bem durante períodos consecutivos (por exemplo, casacos de couro e sandálias Melissinha);
- nostálgicos — produtos que ganham novamente popularidade (por exemplo, lançamentos de CDs de MPB e os atuais "bailes de formatura").

Kotler (2000:326) identificou outros padrões de comportamento do ciclo de vida do produto. O padrão crescimento-queda-maturidade (figura 9) é característico de pequenos eletrodomésticos de cozinha. Como exemplo marcante temos a faca elétrica, que experimentou grande sucesso após o seu lançamento e logo após caiu até o nível de estabilização.

Figura 9
PADRÃO DE CRESCIMENTO-QUEDA-MATURIDADE

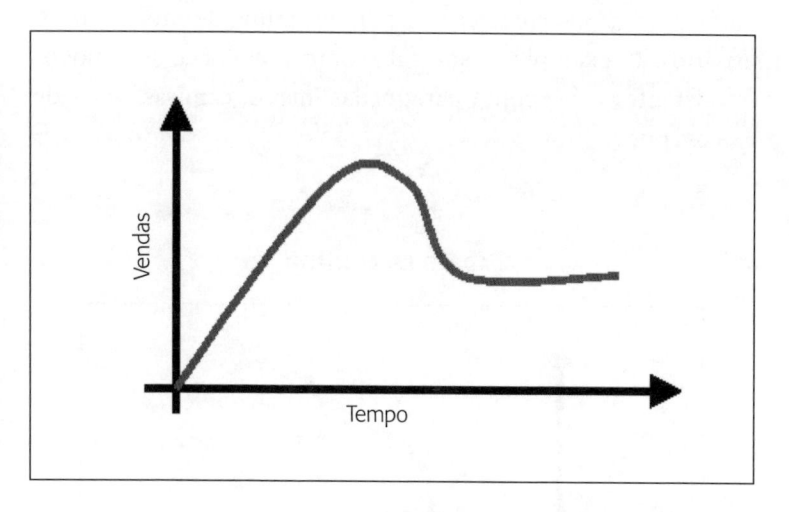

O padrão ciclo-novo ciclo (figura 10), frequentemente observado em venda de medicamentos, sofrendo crescimento repetido e cada vez menor sempre que a empresa faz uma campanha promocional.

Figura 10

PADRÃO CICLO-NOVO CICLO

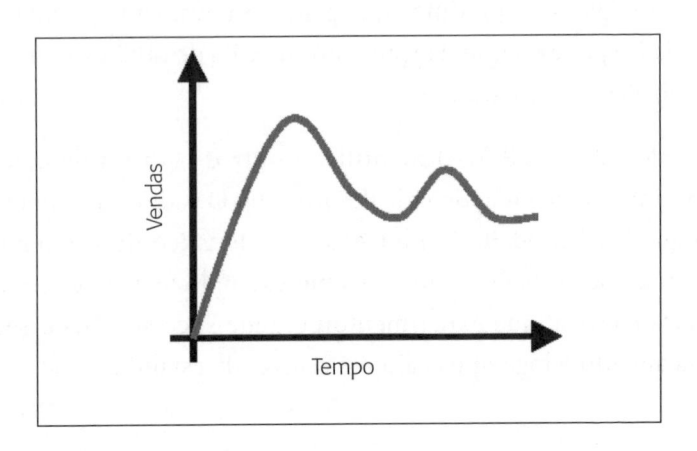

No padrão escalonado (figura 11) as vendas crescem na medida de novas características de produtos de utilização ou usuários. O exemplo citado fala sobre o náilon e seus novos e constantes usos, como paraquedas, meias, camisas, velas de barcos, pneus.

Figura 11

PADRÃO ESCALONADO

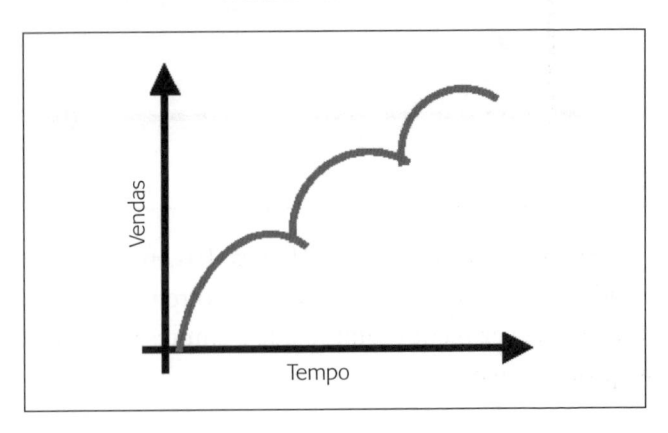

O processo de adoção

Segundo Kotler (2000:377), "a adoção é a decisão de uma pessoa de se tornar um usuário regular de um produto".

Muitos de nós já nos surpreendemos ao acordar pela manhã e ver na garagem do nosso prédio um carro novo do qual sequer vimos uma única propaganda. Quantas vezes tomamos conhecimento da existência de um novo produto quando este já é de uso regular de um amigo nosso de trabalho ou de escola, ou nos surpreendemos quando alguém nos conta, como se fosse uma grande novidade, que comprou seu primeiro DVD.

Esse é o processo de adoção pelo consumidor definido por Everret Rogers. Segundo Rogers (em Kotler 2000:379), você é capaz de identificar os grupos de consumidores que vão se interessar e utilizar o seu produto, assim como saber em que época do ciclo de vida de seu produto eles vão comprar.

Existe uma relação estreita entre o ciclo de vida dos produtos e a curva de adoção de inovações, conforme você pode ver na figura 12. Com o ingresso dos adotantes inovadores se dá o início do CVP, ou seja, a introdução do produto. Os adotantes iniciais são os responsáveis pela fase de crescimento do produto. A maioria precoce e a tardia representam a maturidade do produto, incluindo aí a maturidade de crescimento, a maturidade de estabilidade e a maturidade decadente (veja "Estratégias para o estágio de maturidade", no capítulo 6).

Uma empresa, ao lançar um novo produto, o faz na esperança de que ele se torne um grande sucesso. No entanto, como já vimos, é raro alcançar um sucesso comercial. Vimos, também, que a possibilidade de sucesso aumenta na medida em que investimentos são feitos no produto, quer seja em desenvolvimento tecnológico, propaganda, distribuição ou outros.

Figura 12

CURVA DE ADOTANTES

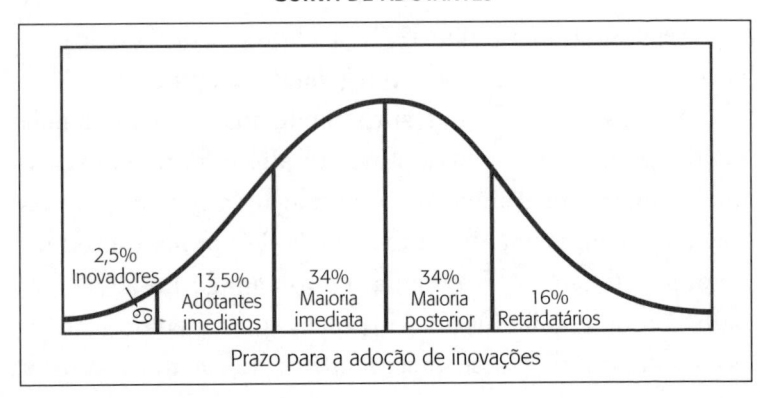

- 2,5% Inovadores
- 13,5% Adotantes imediatos
- 34% Maioria imediata
- 34% Maioria posterior
- 16% Retardatários

Prazo para a adoção de inovações

Fonte: Kotler, 2000:379.

Encontrar pessoas que sejam usuárias do produto em sua fase inicial de lançamento, conseguir um grupo de pessoas dispostas a correr riscos, a experimentar e a divulgar o novo produto talvez seja uma das prioridades do gerente de produtos.

Rogers (em Kotler, 2000:379) define o processo de adoção de inovações como "a disseminação de uma nova ideia, a partir de sua fonte de invenção ou criação para seus usuários finais adotantes".

A adoção é um processo dividido em cinco etapas, compreendendo:

- conscientização — o consumidor toma a consciência da existência do produto;
- interesse — o consumidor potencial se sente estimulado e vai procurar informações sobre o novo produto;
- avaliação — o consumidor avalia a possibilidade, o risco e o custo de experimentar o produto;
- experimentação — o consumidor faz um teste, experimenta o produto e avalia a sua decisão de compra;

❑ adoção — o produto, se aprovado pelo consumidor, entra na sua relação de consumo regular.

Os inovadores

São os primeiros a comprar o produto — são os pioneiros. Do total de consumidores do produto ao longo do tempo, 2,5% o farão rapidamente. Esses são os inovadores. Gostam de correr riscos e se orgulham de ser os primeiros a desfrutar dos benefícios do novo produto, exibindo com prazer a novidade, quase exclusiva. Dado o perfil de alto risco e extravagante, estes compradores não são considerados formadores de opinião, não servem como referência de consumo para a grande massa.

A empresa vendedora precisa incorporar rapidamente os inovadores em sua carteira de clientes, pois, além de propiciarem a entrada de alguma renda relativa à venda do novo produto, aliviando o caixa da empresa, são os inovadores que fazem o "contato" com o grupo seguinte, os "adotantes imediatos".

Os adotantes imediatos

Esses são os compradores que elevam o produto para a classificação de crescimento no CVP. São formadores de opinião e agentes de mudança comportamental e de consumo, sendo fundamentais para a difusão do produto.

São pessoas respeitadas em suas comunidades e pelos grupos de referência de convívio, admiradas por seus pares profissionais em escolas e clubes de lazer; lideram as opiniões e encaminham questões a serem decididas. Geralmente são destaques sociais, intelectuais e profissionais junto aos grupos de que participam. Representam 13,5% do volume de vendas da organização; logo, há um grande incremento de renda na empresa, o que facilita o investimento tão necessário ao novo produto, seja em embalagem, distribuição, novos modelos. Os produtos que superam a fase de lançamento são considerados as "estrelas da companhia" e merecem investimentos especiais, porém, mais que isso, trarão a reboque para a empresa o grande volume de consumidores, a maioria imediata, conforme você verá a seguir.

A maioria imediata

Conhecidos também como maioria inicial, esse grupo de consumidores representa o ingresso do produto em sua fase de "maturidade", representando 34% do total dos compradores. De modo geral são pessoas e organizações pouco dispostas a correr riscos, compram com elevado grau de cuidado e gostam de informar-se sobre as experiências de outras pessoas que já utilizaram o produto. Embora não sejam formadores de opinião, são de extrema importância para a organização vendedora, uma vez que os lucros que o produto pode gerar são experimentados na fase em que esses consumidores entram no mercado.

Com metade dos consumidores potenciais sendo atendida pela empresa, a organização já sabe o tamanho de sua participação no mercado, já estão definidos os *players* vencedores e o lucro começa a crescer de forma significativa. Nesse momento a empresa tem recursos suficientes para investir em novos projetos.

A maioria tardia

Esse grupo de consumidores também representa 34% do total de clientes da empresa. São pessoas e organizações que gostam de decidir com imensa cautela e são lentas em suas decisões porque céticas e resistentes a novas ideias e novos produtos. De modo geral são conservadoras em hábitos e costumes de consumo, adquirindo algo apenas quando esse produto se torna comum a grande parte de seus consumidores.

Essa fase é marcadamente boa para a empresa vendedora, pois todos os custos de desenvolvimento, pesquisas e testes do produto já foram recuperados, novos investimentos no produto não são mais necessários havendo apenas despesas de manutenção, os principais concorrentes já são conhecidos e estão estabelecidos os segmentos de mercado de cada empresa. Logo, esta é a fase em que a empresa tem mais dinheiro para novos investimentos.

Os retardatários

Os retardatários representam 16% de todo o conjunto de compradores. De maneira geral são pessoas e organizações que gostam de produtos tradicionais, produtos que conferem bastante conforto psicológico àquele que decide por sua compra. Fogem de novidades, pois estas trazem consigo um risco bastante acentuado para esses consumidores. Consequentemente, trazem a insegurança e a sensação de desconforto de uma decisão de compra ainda "imatura" para seus padrões de compra.

6

Estratégia para o ciclo de vida dos produtos

Como vimos, todos os produtos têm um ciclo de vida. Logo, podemos afirmar que todos os produtos um dia morrerão, com maior ou menor grau de sucesso em sua passagem pelo mercado, mas, de certo, todos eles um dia serão superados por produtos de concorrentes, por substitutos ou por produtos da moda.

Assim, as organizações devem estabelecer estratégias desde o lançamento do produto até a sua retirada, para assegurar ou tentar garantir alguma chance de sucesso ou aumentar a longevidade de seu produto no mercado.

Ciclo de vida e estratégia de produto

Na fase de introdução, os objetivos básicos são estabelecer um mercado para o novo produto e persuadir os adotantes iniciais a comprá-lo. Basicamente, o plano de ação se resume em oferecer alta qualidade dentro do segmento, selecionar uma boa marca e obter proteção legal.

Na fase de crescimento, busca-se aumentar as vendas e o *market share*, bem como desenvolver preferência pela marca, proporcionando alta qualidade dentro do segmento e acrescentando serviços para aumentar o valor.

Na fase de maturidade, o objetivo é defender a participação de mercado e procurar atrair clientes dos concorrentes, melhorando a qualidade do produto e acrescentando recursos para distinguir e diferenciar a sua marca da dos concorrentes.

Na fase de declínio, busca-se limitar os custos e descobrir maneiras de reavivar as vendas e os lucros, mantendo a oferta de alta qualidade e inovando o produto, dadas as novas condições de mercado.

Estratégias para o estágio de introdução

No estágio de introdução de um novo produto, a empresa está arcando com todos os custos associados ao seu desenvolvimento, bem como os relativos aos diversos testes, como visto no capítulo anterior.

Nesta fase, a participação de mercado é nula ou baixíssima e o crescimento de vendas é lento. Os gastos são extremamente elevados para assegurar alguma distribuição e propaganda. A organização, que não pode garantir ainda o sucesso do novo empreendimento, lança poucos modelos ou pouca diversidade de seu novo produto, buscando reduzir os custos diante de tantas incertezas.

Buzzell (em Kotler, 2000:328) identificou muitas causas para o baixo crescimento de vendas:

> atrasos na expansão da capacidade de produção; problemas técnicos; atrasos na obtenção de distribuição adequada por meio de pontos de venda no varejo; e relutância dos clientes em mudar o seu comportamento estabelecido.

Esta fase é, certamente, a mais difícil para a empresa, pois, além de vender pouco, tem-se que efetuar muitas despesas com promoção e distribuição, a fim de ver assegurada uma boa carreira ao seu produto. É necessário muito dinheiro para atrair os distribuidores. Os supermercados, por exemplo, quase sempre querem que a organização invista em folders de vendas, compra de espaço em gôndolas, equipe interna de divulgação. Também é preciso muito dinheiro para permitir o ingresso de um novo produto em seu portfólio de vendas.

Nesta fase, a função primeira da propaganda não deve ser gerar vendas, mas sim gerar consciência, dar conhecimento aos potenciais compradores da existência do novo produto. Sua função secundária é instigar os possíveis usuários do produto a fazerem uma experimentação e, finalmente, provocar os pontos de venda a manterem em seu estoque o novo produto, ou seja, assegurar uma distribuição mínima. Logo, podemos perceber que os custos associados a esta propaganda serão altos e de baixo retorno.

Como o preço de lançamento tende a ser alto para recuperar os investimentos realizados o mais rápido possível, os grupos visados são, de forma geral, os inovadores e pessoas com maior poder aquisitivo.

Com relação aos preços na fase de lançamento, quatro movimentos estratégicos podem ser feitos: desnatamento rápido, desnatamento lento, penetração rápida e penetração lenta.

Desnatamento rápido

A empresa espera, ao longo do tempo, estabelecer um preço que seja competitivo com todos os concorrentes do mercado. No entanto, neste momento pode lançar o seu produto com preço bem acima de seu objetivo final, investindo fortemente em propaganda e promoção, isso porque o produto em questão não é facilmente copiável (requer alguma engenharia complexa), não há similar disponível no mercado, aqueles que conhecem o produto passam a desejá-lo e estão dispostos a pagar um preço alto pela inovação e pelo prazer de ter algo que a maioria ainda não possui. Assim, a empresa inovadora pode recuperar seus investimentos mais rapidamente e posicionar o seu produto como um *top line* de mercado.

Desnatamento lento

É uma estratégia recomendada quando o mercado não é tão grande ou vigoroso. O preço de entrada do produto é alto e a empresa investirá pouco em promoção, visto que os compradores potenciais já conhecem produtos semelhantes e estão dispostos a pagar um preço mais alto para usufruir o novo produto de imediato, além do que a concorrência levará ainda algum tempo para poder lançar um produto similar.

Penetração rápida

Essa é uma estratégia para aquelas empresas que, na fase de lançamento do produto, percebem que este é uma real novidade para o mercado; no entanto é facilmente copiável e a concorrência será acirrada. Sendo um mercado de grande volume, a empresa precisa consolidar sua posição de vencedora ou líder rapidamente, porém a maioria dos consumidores desse tipo de produto é sensível a preço. Os fatores que poderão fazer diferença entre o sucesso ou fracasso do produto estão vinculados ao custo; logo, a empresa precisa ganhar escala de produção através de grandes volumes produzidos e pela experiência acumulada e, assim, consolidar sua posição e sua participação no mercado.

Penetração lenta

Essa estratégia é recomendada para produtos de baixo preço e com pouco investimento em promoção. Os consumidores potenciais já conhecem o produto e são sensíveis ao preço. Geralmente, a estratégia de penetração lenta é recomendada para mercados de grande volume e com alguma concentração de empresas concorrentes. Com preços baixos, criam-se inibições a novos concorrentes, posto que as margens não serão muito atrativas. Este é o típico mercado de volume.

Estratégias para o estágio de crescimento

Nessa fase do ciclo de vida do produto há uma rápida ascensão das vendas pelo ingresso dos adotantes imediatos na utilização e na recomendação do uso do produto. Dado o sucesso inicial que a organização experimenta, novos concorrentes lançam produtos semelhantes, iniciando, portanto, uma luta por participação de mercado. Havendo mais oferta, o preço do produto tende a cair.

Visando manter a sua parcela de participação de mercado, a empresa deve lançar novas características do produto, bem como ampliar o seu eixo de distribuição. Com o aumento expressivo de vendas (lembre-se, adotantes imediatos representam 13,5% dos compradores) ocorre, naturalmente, um aumento de produção, que deve gerar uma significativa redução dos custos pela curva de experiência adquirida. Assim, à medida que os custos são distribuídos de maneira mais ampla começam a ser menos críticas as despesas com promoção, de modo que a empresa deve começar a usufruir de lucros crescentes.

Neste momento específico verificamos um produto no Brasil que pode muito bem exemplificar essa fase — o sabonete Dove. Ao ser lançado, Dove procurou mostrar que não era apenas mais um sabonete como tradicionalmente as pessoas conheciam: "era mais que um sabonete", era um "hidratante". Desenvolveu um novo mercado, um novo produto para um novo segmento, por meio de uma nova categoria. Sua campanha promocional buscou atrair os inovadores e os adotantes imediatos, educando sobre o uso e informando sobre os benefícios da utilização do produto.

Com uma nova categoria e um posicionamento perceptível, o produto chega à fase de crescimento. É a hora, portanto, de acrescentar novas características para assegurar novos segmentos de mercado, bem como para manter o preço elevado, preço *premium*. Como exemplo, as versões lançadas pelo Dove, no final de 2003 (esfoliante, sabonete específico para o verão).

Estratégias para o estágio de maturidade

A grande maioria dos produtos normalmente comercializados encontra-se na fase da maturidade de seu ciclo de vida, sendo sua característica mais marcante a alta participação de mercado com baixa taxa de crescimento de vendas.

A fase de maioridade do ciclo de adoção pode ser subdividida em três etapas: crescimento, estabilidade e declínio.

Na maturidade de crescimento, a taxa de crescimento que o produto vinha experimentando começa a cair e não mais se incorporam novos canais de distribuição. Na etapa seguinte, maturidade de estabilidade, as vendas se fixam num patamar seguro e não crescem mais. Como o consumidor já conhece, experimentou ou já possui o produto, as novas vendas que ocorrem se dão por substituição ou por crescimento populacional. Na terceira e última etapa, o crescimento decadente, o volume de vendas começa a cair, pois os consumidores encontraram um novo produto substituto que melhor satisfaz suas necessidades.

Com a estagnação e posterior queda nas vendas, a competição torna-se extremamente acirrada. Cada concorrente busca o seu espaço, o seu nicho de mercado. No entanto, nem todos conseguem posicionar-se, e daí ocorrer uma acentuada desistência por parte das empresas ofertantes. Muitas delas abandonam o mercado e retiram mais rapidamente o seu produto do catálogo de ofertas. De forma geral, as empresas que vencem essa dificuldade são aquelas que reduziram de maneira ajustada os seus preços, intensificaram suas campanhas publicitárias e foram eficientes em promoções para o mercado.

Esse novo ajuste nas forças de mercado, com a saída daquelas empresas que não conseguiram conquistar parcelas atraentes de participação de mercado, leva a uma nova acomodação da concorrência, ou seja, as empresas que conseguiram ficar ali instaladas procuram atender segmentos distintos umas das outras, evitando assim um novo ciclo de concorrência acirrada. Aquelas empresas que abandonaram o setor, por serem mais fracas, passam a ter mais recursos e energias para se dedicar a outros produtos em outros segmentos onde se sentem mais capazes e mais fortes.

Kotler (2000:333) diz que "a empresa pode expandir o número de pessoas que utilizam a marca de três maneiras":

- convertendo não usuários — veja a tentação que os fabricantes de cigarros procuram exercer, buscando atrair não usuário para o seu produto; as propagandas de cigarro, de forma geral, destacavam o esporte, a beleza e a emoção como forma de impelir jovens não fumantes a experimentar o produto;
- entrando em novos segmentos de mercado — as empresas fabricantes de produtos de beleza passaram a incentivar o segmento de mercado masculino a cuidar da aparência de forma tão marcante quanto as mulheres sempre o fizeram;
- aliciando os clientes da concorrência — as faculdades dos grandes centros urbanos disputam acirradamente os mesmos alunos, com programas de bolsa de estudo (redução de mensalidade) tentando retirar os clientes dos concorrentes.

Kotler (2000:335) prossegue dizendo que "o volume pode ser aumentado convencendo os usuários da marca a aumentar seu uso" com três outras estratégias:

- a empresa pode tentar fazer com que os clientes utilizem seu produto com mais frequência — as administradoras de cartão de crédito investem milhões em propaganda, estimulando os seus clientes a realizar todas as suas compras via cartão, enfatizando a segurança e o maior controle sobre os gastos;
- a empresa pode procurar fazer com que os usuários se interessem em utilizar uma quantidade maior do produto em cada ocasião — na maioria dos rótulos de xampu, em sua instrução de uso, vem o destaque recomendando que os usuários do produto, após o enxágue, "repitam a operação"; essa é uma forma clássica de aumentar o consumo do mesmo usuário;
- a empresa pode descobrir novas utilizações para o produto de várias maneiras — os fabricantes das antigas furadeiras elétricas inventaram novos dispositivos para dar novos usos aos seus produtos, e assim elas passaram a serrar, lixar, polir.

Estratégias para o estágio de declínio

O estágio de declínio caracteriza-se pelo ingresso dos adotantes retardatários, que representam 16% do total dos consumidores do produto. Nesse estágio as vendas declinam acentuadamente, levando o produto a fixar-se em patamares bastante pequenos.

São produtos com baixa participação de mercado e baixa taxa de crescimento, o que no modelo BCG foi denominado produto abacaxi ou vira-lata.

Nessa fase a grande maioria das empresas que concorriam no mercado abandona a produção e venda do produto, o que pode significar um segmento de mercado, embora pequeno, ainda atraente para as empresas remanescentes. Hoje, a Swedish Match continua vendendo caixa de fósforos com a marca Olho, certamente com volumes e lucratividade ainda atraentes para uma única empresa.

Kotler (2000:336) cita Harrigan Kr. como o "identificador" de cinco estratégias disponíveis para a empresa nesta fase:

- aumentar o investimento da empresa para dominar o mercado ou fortalecer sua posição competitiva;
- manter o nível de investimento da empresa até que as incertezas sobre o setor sejam resolvidas;
- diminuir o nível de investimento da empresa seletivamente, abrindo mão de grupos de clientes não lucrativos e fortalecendo os investimentos da empresa em nichos lucrativos;
- colher ("espremer") o investimento da empresa para recuperar o caixa de maneira rápida;
- desfazer-se do negócio rapidamente, dispondo de seus ativos da maneira mais vantajosa possível.

Certamente, a estratégia adequada dependerá da força da empresa — comparada com seus concorrentes — e da atratividade da indústria (a ser discutida no próximo capítulo).

7
Análise do portfólio de produtos

Ocupar o primeiro ou o segundo lugar em tudo o que faz é a filosofia básica da General Electric (GE), o conglomerado americano que fabrica desde usinas de força até lâmpadas. Os negócios da GE são fantasticamente diversificados. Uma das suas subsidiárias mais bem-sucedidas é líder no mercado americano de lâmpadas elétricas, uma *commodity* madura, de grande volume e baixo preço. Outras divisões fabricam utensílios eletrodomésticos de todos os tipos, uma outra fabrica equipamentos médicos, incluindo tomógrafos computadorizados, e uma das áreas mais bem-sucedidas da empresa é líder no mercado de turbinas aeronáuticas para uso civil e militar. Fica claro que os diversos negócios da empresa estão operando em mercados diferentes, com oportunidades e ameaças diferentes e utilizando diferentes aptidões e recursos da empresa. Portanto, é necessário que cada negócio formule seus objetivos e estratégias apropriadas, e que se apoiem mutuamente. O equilíbrio dessas atividades em meio à variedade de negócios implica o planejamento de portfólio, o assunto deste capítulo.

Veja, por exemplo, o desafio da Unilever, *holding* cuja carteira de produtos abrange diversas indústrias: alimentos, cuidados pessoais, limpeza, nutrição, saúde e beleza. As decisões de portfólio da Unilever são baseadas na estratégia de enfocar bens de consumo de marca — sorvete, margarinas, chás, bebidas e produtos pessoais. Isso levou à dispensa de negócios não essenciais do portfólio, tais como especialidades químicas. O mesmo raciocínio fez com que a Souza Cruz retirasse algumas marcas do mercado, visando otimizar o retorno do seu portfólio.

Como vemos, esses exemplos ressaltam a importância de assuntos ligados ao portfólio e ao papel central das variáveis de marketing, ao contrário de critérios puramente financeiros, quando se faz um portfólio. Quando uma empresa possui um portfólio de produtos mais equilibrado que sua concorrência, ela desfruta de vantagens competitivas. Mas como isso funciona? É simples.

A análise competitiva de portfólio que relaciona o crescimento e a participação de mercado para uma empresa permite interpretar a relação dessa matriz com as matrizes semelhantes da concorrência.

Método de análise de portfólio de produtos do BCG

Qualquer organização diversificada precisa encontrar métodos para avaliar o equilíbrio dos negócios no seu portfólio e ajudar a guiar a aplicação de recursos entre eles. Muitos modelos de planejamento de portfólio têm sido desenvolvidos no decorrer dos últimos 30 anos para facilitar este processo. O modelo pioneiro e mais básico é a matriz BCG, desenvolvida pelo Boston Consulting Group.

Essa abordagem consiste no posicionamento dos produtos (ou unidades de negócio) de uma empresa, mediante a utilização de uma matriz de dupla entrada que integra as variáveis "índice de crescimento de mercado" e "participação relativa de mercado", e as relaciona com o fluxo de caixa de cada produto analisado. A matriz assim construída permite a visão de resultados e da posição estratégica da empresa em relação ao portfólio de seus atuais produtos e à projeção dos movimentos estratégicos adequados e possíveis a cada produto, como vemos na figura 13.

O sucesso de qualquer técnica de planejamento de portfólio (há muitos enfoques competitivos no mercado) depende, principalmente, da sua habilidade de ajudar gerentes a tomar os tipos mencionados de decisões.

Durante a década de 1960, muitas empresas procuravam métodos para equilibrar seus portfólios de atividade. Algumas contrataram a recém-criada empresa de consultoria Boston Consulting Group (BCG), que, por meio de seu trabalho com a Mead Paper Corporation, desenvolveria um método para classificar suas aquisições em quatro categorias. Por volta de 1970, esse método evoluíra para o que eles chamavam então Growth-Share Matrix (Matriz de Divisão de Crescimento), ou Boston Box (Hamilton, 1982). A figura 13 ilustra as duas dimensões — índice de crescimento de mercado e participação relativa de mercado — que embasam a abordagem adotada pelo Boston Consulting Group.

Estrelas

São produtos com alto crescimento e alta parcela de mercado. Geram boa quantidade de recursos, que é absorvida pela sua necessidade de manter posição em um mercado com alta taxa de crescimento. Esses serão produtos do futuro da empresa se continuarem a crescer lentamente e se for adotada uma estratégia agressiva de marketing que os ajude a se tornar vacas leiteiras.

Figura 13

MATRIZ BCG

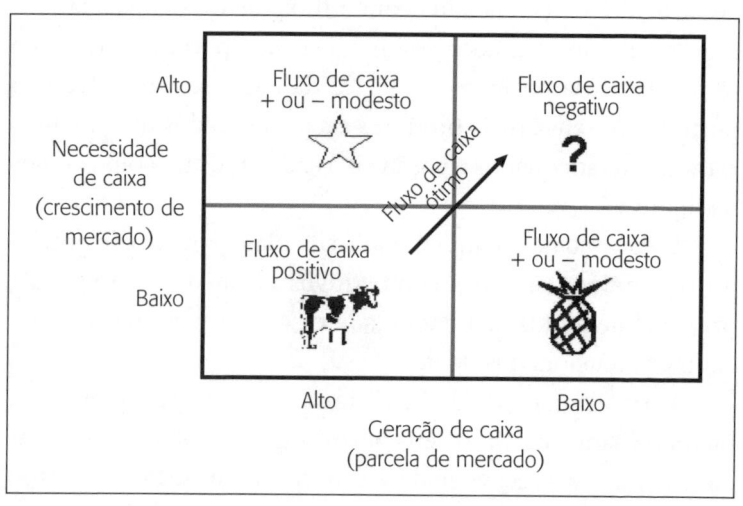

	Alto Geração de caixa (parcela de mercado)	Baixo
Alto Necessidade de caixa (crescimento de mercado) **Baixo**	Fluxo de caixa + ou – modesto ⭐	Fluxo de caixa negativo ❓
	Fluxo de caixa positivo 🐄	Fluxo de caixa + ou – modesto 🍍

Seta diagonal: Fluxo de caixa ótimo

Fonte: Boston Consulting Group (BCG).

Vacas leiteiras

São produtos com alta participação e baixo crescimento de mercado. Geram recursos por meio de grandes entradas no caixa e que podem alimentar com lucro outros empreendimentos da empresa, como, por exemplo, novos produtos.

Pontos de interrogação

Também chamados de oportunidades, são produtos com baixa participação em mercados de rápido crescimento. A baixa participação significa geralmente lucro baixo e fluxo de caixa fraco. Graças ao rápido crescimento de mercado, esses produtos requerem grandes quantias de investimento para manter e obter participação no mercado. O crescimento de mercado, nesse caso, é atrativo, porém para ganhar participação de mercado é preciso fazer grandes esforços financeiros e mercadológicos.

Abacaxis

São produtos com participação e taxa de crescimento de mercado baixas. Não geram volumes significativos de caixa, a lucratividade é pobre e estão inevitavelmente condenados ao desaparecimento.

Índice de crescimento do mercado

Vamos à primeira dimensão da matriz, o eixo vertical: o índice de crescimento de mercado. De todas as características de mercado, a dimensão do índice de crescimento é escolhida para a análise da matriz de portfólio porque:

- ❏ o crescimento é, talvez, a melhor medida do ciclo de vida de um produto e, certamente, o conhecimento do estágio do ciclo de vida é muito importante para qualquer decisão de investimento e para a formulação de estratégias, como vimos no capítulo anterior;
- ❏ um mercado em crescimento, normalmente, atrai a entrada de novos concorrentes, a menos que a empresa tenha vantagens competitivas que a concorrência não possa ter, ou que existam barreiras à entrada nesse mercado, por exemplo, no setor de biotecnologia, no qual a tecnologia é fundamental;
- ❏ em um mercado em crescimento a demanda excede a oferta, e a demanda em excesso irá estimular preços altos e um nível de lucro também alto;
- ❏ a posição de mercado em um mercado em crescimento pode revelar se a empresa está mantendo, perdendo ou ganhando participação no mercado.

Participação relativa de mercado

O eixo horizontal da matriz BCG fala sobre participação de mercado relativa. Neste eixo são anotadas as taxas de participação de mercado por produto ou linha de produtos da empresa em relação às taxas de participação dos respectivos produtos do principal concorrente.

Enquanto a taxa de crescimento de mercado tem sido considerada um indicador de uso de dinheiro útil (ou a necessidade de investimento), a participação de mercado tem sido relacionada como geração de caixa. Maiores participações de mercado, relativas a competidores, estão associadas com melhor geração de caixa por causa de economias de escala e efeitos da curva de experiência.

Critérios para a análise do portfólio de produtos da empresa

Para a estruturação do portfólio da empresa, temos que fazer uma tabela e enumerar os produtos ou a linha de produtos, anotando, ao lado (na respectiva coluna da tabela 1), a participação deste produto no faturamento total da empresa, de forma que a soma seja igual a 100%. Na última coluna, se houver informações disponíveis, devemos anotar a margem de contribuição de cada produto para que se possa colocar no gráfico do portfólio de produtos o tamanho exato de cada círculo representativo da importância do produto no faturamento e na margem de contribuição da empresa. Devemos, ainda, calcular, na linha de total, a margem de contribuição média.

Tabela 1

INFORMAÇÕES INTERNAS

Produto ou linha de produtos	Participação no faturamento da empresa	Margem de contribuição
Total	100%	Média

Na tabela 2, com base nas informações externas em relação ao principal concorrente, vamos anotar, para cada produto ou linha de produtos, a parcela relativa de mercado e a taxa anual de crescimento de mercado. Atenção, não vamos confundir parcela relativa de mercado com participação de mercado. Parcela relativa de mercado é o quociente da divisão entre o total de vendas da empresa e o total de vendas de seu principal concorrente, em determinado período de tempo.

Por exemplo: suponhamos que mil unidades de determinado produto são vendidas por mês. A empresa A vende 500 unidades desse produto e a empresa B, 400 unidades. Qual a parcela relativa de mercado da empresa A em relação à B? Para obtermos esse número basta dividir 500 por 400, alcançando aproximadamente 1,2. No caso, 1,2 é a parcela relativa de mercado da empresa A.

Tabela 2

INFORMAÇÕES EXTERNAS

Modelo de confronto		Volume de produto	Vendas linha	Parcela relativa de mercado (1/2)	Taxa de crescimento anual do mercado
		Empresa	Concorrente		
Empresa	Concorrente	1	2	3	4
		Total	Total		Média

A partir das informações da tabela 2, posicione em uma matriz cada um dos produtos, ou linhas de produtos, levando em conta sua situação atual.

Neste exercício é importante esclarecer:

- para identificar o produto ou linha de produtos use circunferências. O tamanho das circunferências deve corresponder à proporção de seu faturamento/margem de contribuição;
- a taxa de crescimento anual de mercado depende do dado setorial e pode ser positiva ou negativa, para efeito do traçado do quadrante que separa a taxa de alto da taxa de baixo crescimento de mercado;
- a linha vertical divisória entre as parcelas relativas de mercado alta e baixa será sempre de 1,0, uma vez que se refere à divisão entre o produto da empresa e os do seu principal concorrente.

A partir da projeção deste portfólio é importante que a empresa determine sua disposição quanto à abordagem que pretende dar a cada um dos produtos, como, por exemplo, desinvestir ou gerar fluxo de caixa para outros.

8

Gerenciamento do portfólio de produtos

A matriz BCG aponta para uma sequência de êxito: investir em pontos de interrogação para torná-los estrelas e, um dia, vacas leiteiras. No fim, essas vacas leiteiras irão degenerar e se transformarão em abacaxis. A figura 14 ilustra a sequência em que o dinheiro é retirado das vacas leiteiras e investido nos pontos de interrogação para transformá-los em estrelas.

Outro ciclo, o do desastre, mostra o perigo a que se sujeitam as empresas que entram muito cedo em um mercado e conseguem uma participação que não podem bancar. A estrela pode então decair de uma situação razoavelmente rentável para a de um ponto de interrogação deficitário e daí para um abacaxi. Não deixa de ser irônico que essa sequência resulte do imediatismo de uma empresa que não consegue perceber o valor do investimento em um mercado e tenta ordenhá-lo muito cedo. Isso explica, em parte, o fracasso da EMI com o seu revolucionário tomógrafo. A empresa deixou de investir na qualidade do produto e no desenvolvimento tecnológico, e por isso perdeu sua liderança inicial para grandes concorrentes atraídos pelo mercado. Um dos concorrentes iniciais, a GE, acabou comprando a subsidiária problemática da EMI.

Outro desastre pode ocorrer se, no desejo de auferir os lucros, uma vaca leiteira é ordenhada em excesso, tornando-se, assim, vulnerável à concorrência. A indústria de brinquedos no Brasil cometeu esse pecado ao tornar-se por demais complacente com o mercado mundial de brinquedos, principalmente eletrônicos, que era então por ela dominado. A indústria pagou caro por sua falta de investimento em novos desenvolvimentos e tecnologia de produção.

Estratégias baseadas na matriz BCG

Como vimos no capítulo anterior, as empresas necessitam verificar o impacto no fluxo de caixa ao posicionar seus produtos dentro da matriz. Analisando a matriz BCG (figura 13), podemos concluir que:

- as margens de lucro e o fluxo de caixa positivo crescem na proporção da participação relativa de mercado;
- o crescimento das vendas exige injeção de recursos para financiar a ampliação da capacidade instalada e a maior capacidade de capital de giro; assim, se o *market share* é apenas conservado, as exigências de novos recursos crescem em razão do aumento vegetativo do mercado;
- além das necessidades de recursos mencionadas, para acompanhar o crescimento vegetativo, aumentos em nosso *market share* irão também exigir novos recursos para custear uma propaganda mais intensa, ou para descontos e promoções, além de outras táticas destinadas a aumentar o *market share*; por outro lado, uma redução em nosso *market share* pode liberar recursos financeiros até então disponibilizados;

❏ o índice de crescimento em um dado mercado irá reduzir-se inevitavelmente à medida que o produto se aproxime de sua maturidade; mesmo sem a perda de *market share*, os recursos de caixa liberados por um crescimento mais lento poderão ser reinvestidos em outros produtos que estão ainda crescendo; neste contexto observemos a figura 14, pois a transferência de recursos dos produtos maduros para os mais jovens e promissores constitui a essência das estratégias baseadas no portfólio.

Figura 14

Matriz BCG e transferência de recursos

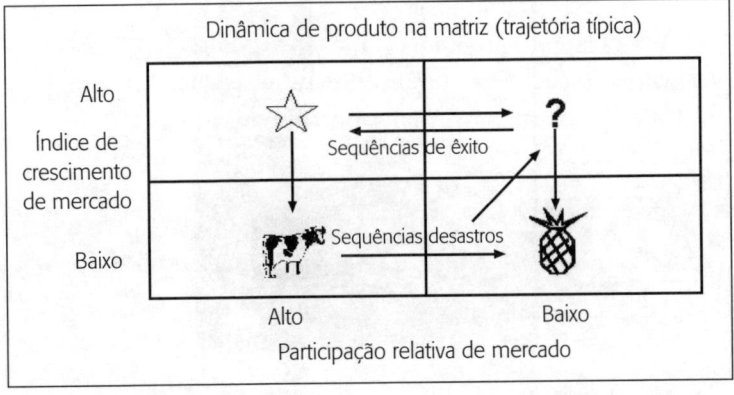

[Matriz com eixos: Índice de crescimento de mercado (Alto/Baixo) e Participação relativa de mercado (Alto/Baixo). Dinâmica de produto na matriz (trajetória típica). Estrela → ? (Sequências de êxito); Vaca → Abacaxi (Sequências desastros).]

Fonte: Adaptado de Gracioso, 1989:67.

Atratividade de mercado: abordagem GE-McKinsey

Buscando entender o seu próprio portfólio, a GE concebeu uma matriz capaz de mostrar os pontos fortes do negócio e a atratividade do mercado por meio de múltiplas dimensões. Essa matriz integra as variáveis "atratividade de mercado" e "posição do negócio", construídas a partir de um julgamento dos executivos da empresa, que fazem uma ponderação de vários fatores distintos.

O exemplo da figura 15 apresenta um caso típico. A matriz GE de atratividade do mercado e posição do negócio levam em consideração dois conjuntos de fatores que parecem influenciar a atratividade relativa de investimento em um negócio. Nesse contexto, "negócio" poderia ser definido como um produto, uma linha de produtos, um segmento de mercado, uma unidade de negócio ou até mesmo uma divisão.

Figura 15
Matriz GE

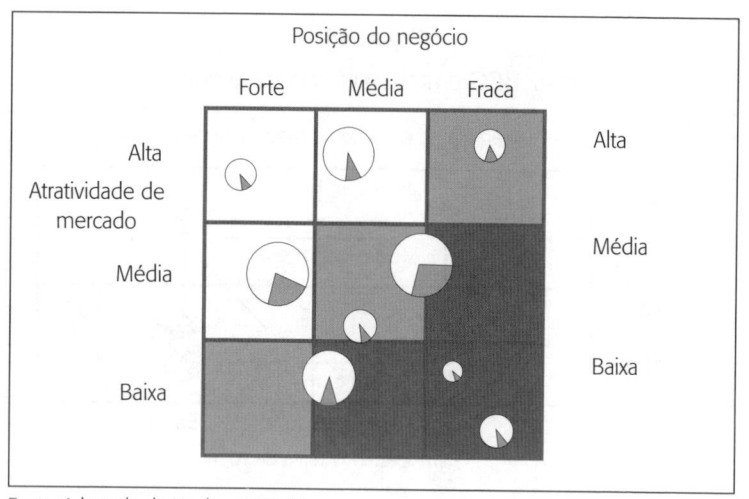

Fonte: Adaptado de Hooley, 2001:58.

O primeiro conjunto de fatores leva em conta os aspectos favoráveis do mercado em que o negócio está localizado.

O segundo conjunto analisa os critérios pelos quais a posição do negócio ou da empresa em um mercado é considerada fraca ou forte.

Todos esses critérios são utilizados para avaliar, por meio de pontuação, a atratividade do mercado e a posição do negócio. Geralmente, a pontuação é plotada em uma matriz tridimensional que mostra a oportunidade relativa de investimento para um negócio. Assim, tal como ocorre na análise de portfólio, a unidade de negócio é representada na figura 15 por um círculo cujo diâmetro ou área corresponde ao volume de vendas do negócio. Algumas vezes o tamanho do círculo representa o tamanho do mercado e não o porte do negócio da empresa. Partes do círculo são sombreadas para representar a participação absoluta de mercado do negócio.

Identificação de fatores

Vamos ver agora como as empresas identificam esses fatores.

Cada empresa precisa elaborar sua lista de fatores que tornam um mercado atrativo ou a posição de um negócio "forte" em um dado mercado.

A experiência ensina que os fatores listados no quadro estão entre os mais importantes.

FATORES QUE CONTRIBUEM PARA A ATRATIVIDADE DO MERCADO E PARA A POSIÇÃO DO NEGÓCIO

Fatores	Atratividade do mercado	Situação/posição do negócio
Do mercado	Tamanho (em valor monetário, unidades físicas ou ambos)	Sua participação (em valores equivalentes)
	Tamanho dos segmentos principais	Sua participação nos segmentos principais
	Taxa de crescimento por ano:	Sua taxa de crescimento anual:
	❏ total	❏ total
	❏ dos segmentos	❏ dos segmentos
	Diversificação do mercado	Diversidade da sua participação
	Sensibilidade a preço, características de assistência técnica e fatores externos	Sua influência no mercado
	Ciclicidade	Picos e vales nas suas vendas
	Sazonalidade	
	Poder de barganha dos fornecedores	Poder de barganha dos seus fornecedores

continua

Fatores	Atratividade do mercado	Situação/posição do negócio
Da concorrência	Poder de barganha dos clientes	Poder de barganha dos seus clientes
	Tipos de concorrentes	Onde você se encaixa, como você se compara em termos de produtos e capacidade de marketing
		Serviços, capacidade de produção, solidez financeira, administração
	Grau de concentração	
	Mudanças de tipo e de *mix*	
	Entradas e saídas	Segmentos em que você entrou ou saiu
	Mudanças de participação	Sua variação de participação relativa
	Substituição por nova tecnologia	Sua vulnerabilidade a novas tecnologias
	Graus e tipos de integração	Seu próprio nível de integração
Financeiros e econômicos	Margens de contribuição	Suas margens
	Fatores de alavancagem, tais como economias de escala e experiência	Sua escala e experiência
	Barreiras para a entrada ou saída (tanto financeiras quanto não financeiras)	Barreiras para a sua entrada ou saída (tanto financeiras quanto não financeiras)
	Utilização da capacidade	Sua taxa de utilização da capacidade
Tecnológicos	Maturidade e volatilidade	Sua capacidade de enfrentar a mudança
	Complexidade	Tipos das suas aptidões tecnológicas
	Diferenciação	Profundidade das habilidades
	Patentes e *copyrights*	Sua proteção de patentes
	Tecnologia de processos de manufatura necessária	Sua tecnologia de manufatura
Sociopolíticos no meio ambiente	Atitudes e tendências sociais	Correspondência e flexibilidade da sua empresa
	Legislação e regulamentos de agências governamentais	Capacidade de enfrentamento da sua empresa
	Influência de grupos de pressão e representantes do governo	Agressividade da sua empresa
	Fatores humanos, tais como sindicalização e aceitação pela comunidade	Relacionamentos da sua empresa

Fonte: Adaptado de Hooley, 2001:60.

A importância de cada fator depende basicamente da natureza do produto, do comportamento do consumidor, da própria empresa e do ramo em que ela opera. Para os produtos *commodities*, por exemplo, custos baixos de produção e barreiras de entrada no mercado podem colaborar decisivamente para a posição do negócio e para a atratividade do setor, respectivamente. No caso de produtos mais diferenciados como, por exemplo, instrumentos de medição e de precisão, ferramentas de máquinas operacionais e assim por diante, o cliente busca inovações técnicas, precisão ou outros benefícios. O *status* tecnológico relativo pode ser um fator básico de contribuição para a posição do negócio. Um fator que pode ser fundamental para determinar a atratividade do mercado consiste na adoção, em primeira mão, de novos processos ou tecnologias cujas patentes estejam sob proteção.

A identificação dos fatores pertinentes exige um exame detalhado dos clientes, dos concorrentes, das características de mercado, do ambiente externo e da própria organização. Ela também se apoia na capacidade de julgamento, experiência e em uma percepção das limitações da técnica. A última, espera-se, evita que generalizações sejam feitas pela administração.

Pontuação dos fatores

Após identificar os fatores em questão, o analista precisa resumi-los em medidas que representem a atratividade do mercado e a posição do negócio. Isso se faz, geralmente, pela atribuição de pontos a cada fator (0,0 = baixo; 0,5 = médio; 1,0 = alto), bem como de pesos, dependendo da sua importância relativa. Finalizando, a pontuação e o peso de cada fator são multiplicados para obtenção do valor ou da posição do fator em relação a duas variáveis — atratividade do mercado e posição do negócio.

A tabela 3 fornece um exemplo hipotético do esquema. A soma dos valores totais de cada variável seria então usada para marcar a localização do negócio analisado na matriz. Os pontos e os pesos são uma questão de critério e experiência gerencial, mas, na prática, os pesos têm muito menos impacto no resultado final do que seria de esperar.

Tabela 3
ATRATIVIDADE DO MERCADO

Fator	Pontuação	Peso	Pontuação
1. Tamanho do mercado	0,5	15	7,5
2. Crescimento do volume (unidades)	0	15	0
3. Concentração	1,0	30	30,0
4. Financeiro	0,5	25	12,5
5. Tecnologia	0,5	15	7,5
		100	57,5

Fonte: Adaptado de Hooley, 2001:61.

Implicações para a estratégia de marketing

O modelo GE usa o retorno sobre o investimento (ROI) como critério para avaliar uma oportunidade de investimento (compare este critério com o de fluxo de caixa usado na análise de crescimento/participação do Boston Consulting Group).

Um negócio localizado na parte superior esquerda da matriz, em que há uma grande atratividade geral, indicaria um negócio que apresenta uma boa oportunidade de investimento: o negócio apresenta um alto ROI.

O modelo GE tem aplicações muito úteis para a elaboração da estratégia de marketing. O gerente de produtos pode usá-lo para planejar em três estágios.

Primeiro, o modelo pode ser usado para classificar a oportunidade atual que se oferece ao negócio, considerando a estratégia empresarial, as características do setor e a estrutura competitiva atuais.

Segundo, pode ser realizada uma análise do ambiente de mercado e posição futuros, pressupondo que não seriam feitas grandes mudanças de estratégia.

Terceiro, o último processo pode ser repetido várias vezes, explorando várias opções estratégicas. Podem ser feitas pressuposições diferentes em relação aos objetivos e investimentos a serem introduzidos no negócio a cada vez que o processo for repetido.

Tabela 4
POSIÇÃO DE NEGÓCIOS

Fator	Pontuação	Peso	Pontuação
1. Tecnologia do produto			
▫ Qualidade atual	0	20	0
▫ Tecnologia nova	0,5	20	10
2. Manufatura			
▫ Escala	0,5	10	5
▫ Eficiência	0,5	10	5
▫ Distribuição física	0,5	10	5
3. Marketing			
▫ Aptidão	0	10	0
▫ Vendas	0,5	10	5
▫ Serviços	0,5	10	5
		100	35

Fonte: Adaptado de Hooley, 2001:61.

A escolha final da estratégia exige uma estimativa dos custos e benefícios de longo prazo. Também devem ser feitas considerações sobre a reação da concorrência a qualquer mudança estratégica. Existem várias opções estratégicas possíveis para as mudanças na posição do negócio. Veja, a seguir, quais são.

▫ Investir para manter ou defender a posição de negócio atual. O investimento precisa ser em volume suficiente para acompanhar as mudanças de mercado. Esta opção pode ser

perfeitamente adequada a um mercado de atratividade em declínio.
- Investir para melhorar a posição do negócio no mercado. Essa estratégia exige um investimento em volume suficiente para aumentar a participação de mercado e, consequentemente, fortalecer o negócio. Acontece, geralmente, na etapa inicial do desenvolvimento ou na fase de crescimento do mercado.
- Investir na reconquista. É uma estratégia de alto investimento com o objetivo de recuperar ou revitalizar a posição do negócio em mercados maduros ou declinantes.
- Selecionar. Esta estratégia busca o fortalecimento da posição em segmentos em que os benefícios do aumento da participação ou de sua reconquista superam os custos: transformar, por exemplo, crianças-problema em estrelas ou deixar que elas se tornem bichinhos de estimação.
- Fazer um investimento pequeno ou promover a colheita do negócio. Esta opção, geralmente, é realizada ao longo de um período de tempo. Geralmente, o negócio recebe um investimento seletivo em curto prazo e é ordenhado quando o preço é adequado. Esta estratégia pode ser recomendável para negócios com posições fortes em mercados em declínio: por exemplo, as vacas leiteiras.

Há outras opções estratégicas, tais como investir pesadamente para entrar em novos mercados, sair ou ainda parar de investir em um mercado porque o negócio não apresenta nenhuma viabilidade.

Contudo, a matriz BCG é o método mais atraente de todos. Ela cativa por sua simplicidade e apresenta algumas comprovações moderadas que dão crédito às ideias que a embasam. É fácil de ser usada, embora possa haver alguma dificuldade para determinar as unidades de negócio em questão. As implicações estratégicas da matriz BCG são muito importantes, embora a ferramenta em si seja muito simples. Fica clara a importância de a empresa procurar os ganha-pães de amanhã enquanto se beneficia dos ganha-pães de hoje. A simplicidade e a facilidade de entendimento da matriz BCG a tornam uma ferramenta operacional muito útil, desde que se mantenham em mente suas limitações.

Matrizes multifatoriais como a matriz GE admitem a necessidade de se fazer uma análise ampla dos pontos fortes do negócio e da atratividade do mercado. O perigo de sua aplicação é que há uma tendência, por parte dos pesos e notas atribuídos, de se levarem todas as unidades investigadas para a parte central ou média da área de atratividade. A comprovação teórica e empírica é baixa, mas a mensagem é simples, e as empresas devem certamente considerar os investimentos de forma muito cuidadosa em mercados de atratividade geral baixa ou média. A matriz é, sem dúvida, de uso mais difícil do que a matriz BCG e depende muito mais de decisões subjetivas, mas é de fácil entendimento e operação. Como método de análise do portfólio geral das atividades da empresa, a matriz BCG e a matriz GE se complementam muito bem.

9

A estratégia de marcas

Geralmente, quando falamos em marca, a primeira associação que nos vem à cabeça é o nome de um produto ou de uma organização; contudo, pense na seguinte situação: você está esperando o elevador e o som da televisão de seu vizinho está alto e você ouve um plim-plim. Alguma dúvida de que ele está sintonizado na Globo?

Então, a marca de um produto ou de uma empresa não é apenas o seu nome, mas tudo (ou qualquer coisa) que faça os consumidores identificá-lo: cor, som, identidade corporativa, símbolo, desenho, *slogan*, até a fonte utilizada.

O papel fundamental de uma marca é a criação e a comunicação para a sociedade da identidade de uma organização, bem ou serviço. Junto com os benefícios, que são os direitos legais implícitos, vem a responsabilidade de honrar a proposta que está sendo apresentada ao mercado.

Características e atributos da marca

As marcas devem retratar o conceito do produto ou da empresa, ou seja, elas devem estar intrinsecamente ligadas ao atributo central do que está sendo oferecido. Ao mesmo tempo, devem ser originais, simples e observar as especificidades das regiões onde serão comercializadas.

Por exemplo, quando enviamos uma encomenda, esperamos que chegue ao destinatário e no menor tempo possível. Olhe só o nome dos concorrentes neste segmento: Vaspex, Hora Certa, Sedex; todos buscam transmitir o benefício central do serviço.

Se observarmos as marcas dos carros, veremos que todas procuram ser simples, originais e de fácil memorização: Polo, Uno, Fiesta.

Por outro lado, a força da marca pode estar em refletir a origem do produto, o que pode assegurar a qualidade: os queijos e vinhos franceses, a tecnologia alemã, japonesa ou norte-americana, as frutas chilenas.

As empresas que atuam em mercados internacionais devem prestar atenção para que o nome escolhido não fira sensibilidades, ou vire chacota, dos públicos-alvo envolvidos.

Decisão sobre marcas

Uma das características do mundo atual é a alta competitividade do mercado, em que os produtos ficam cada vez mais similares. Então, como fazer para nos diferenciarmos? Nada melhor do que termos uma identidade própria: uma marca.

À medida que as empresas trabalham suas marcas elas fortalecem sua imagem corporativa, o que torna seus futuros lançamentos mais baratos, uma vez que a aceitabilidade do público-alvo e dos distribuidores foi previamente trabalhada. Pense como é muito mais fácil para a Nestlé lançar um novo chocolate ou iogurte do que um novo entrante nestes segmentos.

Como veremos adiante, diferentes marcas possibilitam às empresas segmentarem o público-alvo para cada um de seus produtos, ou seja, apesar de o Golf, o Gol e a Kombi serem do mesmo fabricante, seus consumidores são absolutamente distintos.

A utilização de uma marca pode ser um passo fundamental para a sedução dos nossos clientes, ou seja, é um poderoso instrumento de fidelização, o que cria um escudo contra as ações da concorrência.

Internamente, diferenciar os diversos produtos oferecidos pela empresa com nomes distintos facilita a comunicação interna, o processamento de pedidos, o controle de estoques e a avaliação do retorno financeiro de cada produto.

Acabamos de listar todos os aspectos positivos de se ter uma marca, mas será que esta é a única estratégia viável para as empresas, apesar do alto custo? Quando será que não vale a pena termos uma marca?

Como já vimos, a marca é o que nos diferencia de nossos concorrentes, num mundo onde cada vez mais os produtos tornam-se *commodities*; contudo, nem sempre uma empresa busca se diferenciar pela qualidade de seus produtos. Quando a estratégia de diferenciação é meramente pelo preço, não faz sentido que a empresa invista em uma estratégia de marca.

Por exemplo, há na Baixada Fluminense, no Rio de Janeiro, uma empresa que fabrica tubos e conexões para as construções de casas populares. O mercado tem consciência de que o material é de qualidade inferior ao produzido pela líder de mercado. Contudo, o atributo fundamental que determina a compra pelo público-alvo da empresa em questão é o preço mais baixo; então não há por que investir numa estratégia de marca.

Vale lembrar que os segmentos sociais menos abastados são extremamente lucrativos, como asseverou Prahalad (2002); portanto, optar por não ter marca não significa baixo lucro.

Decidindo a estratégia de marcas

Já vimos que nem sempre é interessante para uma empresa batizar os seus produtos, mas geralmente esta não é a regra comum, pois há a necessidade de nos diferenciarmos de nossos concorrentes.

Por exemplo, quando a multinacional americana Mead Johnson decide entrar em novas categorias (iogurte, bebida láctea pronta para beber e *petit suisse*) com a sua marca de suplemento alimentar Sustagen, que estratégia de marca ela deve adotar?

A rigor, as empresas podem optar entre duas estratégias básicas: a de marca única ou a de marcas múltiplas. Por exemplo, apesar de trabalharem com uma multiplicidade de linhas de produtos, empresas como a Bayer e a GE utilizam seu nome em todas elas. Encontramos desde lâmpadas, geladeiras até motores de avião GE.

Qual a grande vantagem desta estratégia? Os custos de marketing são reduzidos, pois podemos transferir a qualidade percebida de um produto para outro; afinal... "Se é Bayer, é bom". Por outro lado, qualquer produto que falhe, ou que seja malrecebido pelo mercado, poderá contaminar toda a linha.

Já, quando uma corporação investe em marcas múltiplas, ela poderá segmentar melhor e atingir diferentes públicos-alvo mais facilmente. Por exemplo, apesar de serem do mesmo fabricante, os consumidores do Alfa Romeo não são os mesmos da Fiat; os ouvintes da JB FM são diferentes dos da Rádio Cidade, e assim por diante. Mas, manter diferentes marcas é uma opção cara.

Kotler (2000) fragmenta essas duas megaestratégias, marca única e marcas múltiplas, em cinco tipos distintos: extensões de linha, extensões de marca, multimarcas, novas marcas e marcas combinadas, que veremos detalhadamente a seguir.

Extensão de linha

A opção pela estratégia de extensão de linha ocorre quando uma empresa, geralmente aproveitando o sucesso de produto original, opta por lançar novos produtos semelhantes, apenas alterando o sabor, a fórmula (extraindo ou acrescentando um ingrediente), a embalagem ou a forma.

Quando a estratégia é bem-sucedida, a grande vantagem é a redução dos custos de marketing, pois não há a necessidade de trabalhar a mente do consumidor. O conceito do produto já foi absorvido pelo mercado.

Por exemplo, quando as companhias de refrigerante detectam o aumento do número de pessoas morando sozinhas, descobrem a oportunidade de introduzir a embalagem de 600 ml. Os consumidores já conhecem a Coca-Cola, o guaraná Antarctica e passam a ter a opção de comprá-los em uma quantidade adequada a sua necessidade.

Outra possibilidade é aproveitar um grande evento e lançar um modelo promocional, como foram os casos do Gol Copa, do Pálio 500 anos, do Monza Barcelona.

Quando a Pepsi introduz no mercado a Pepsi Twist e anuncia "todo o sabor da Pepsi com um leve toque de limão", ela está, simplesmente, aproveitando-se de um conceito de produto preexistente no mercado para lançar um outro.

Por outro lado, há o risco de se cair na "armadilha da extensão de linha", ou seja, os produtos se descaracterizarem, uma vez que se subdividiram em diversas opções. Voltemos ao exemplo da Pepsi. Há anos havia apenas as garrafas de um litro ou de 350 ml. Hoje em dia, há latas, frascos de 2,5 l, Pepsi Twist, Diet Pepsi; enfim, o que será que se passa na cabeça do consumidor quando ele pensa em Pepsi?

Outro risco é o da canibalização. Obviamente quando lançamos um novo produto esperamos que ele seja campeão e que roube *market share* dos concorrentes; não obstante, o que garante que ao optarmos pela estratégia de extensão de linha não estaremos diminuindo a participação relativa do mercado do produto original? Ou seja, o quanto do atual *market share* da Pepsi Twist é um novo mercado, o quanto foi roubado à Coca e aos guaranás e o quanto não foi canibalizado da própria Pepsi original?

Extensão de marca

Como mencionamos, as empresas ainda têm a opção de utilizar seu nome para lançar produtos em mercados absolutamente diferentes. Por exemplo, a Sony é marca de canal de televisão, produtora de discos, computadores, filmadoras, *laptops*; a Globo é nome de emissoras de rádio AM e FM, emissora de televisão, editora, jornal, provedor de internet.

Assim como na extensão de linha, a grande vantagem desta estratégia é a redução de custos, uma vez que a percepção de qualidade pode ser transferida de um produto para outro.

Outro aspecto positivo é que aumentar a linha de produto valendo-se da mesma marca fortalece a imagem corporativa da empresa; consequentemente, aumenta seu valor de mercado.

Por outro lado, a extensão de marca apresenta os mesmos riscos da extensão de linha: a perda da identidade, pois seu significado foi dissolvido entre vários produtos, e a possibilidade de não atender às expectativas dos consumidores.

No passado, algumas empresas que optaram pela extensão de marcas foram bem-sucedidas: a BIC, que saiu de canetas e passou a fabricar barbeadores e isqueiros descartáveis; a Kodak, que deixou de fabricar unicamente filmes fotográficos e passou a oferecer câmeras e também pilhas; os tênis Nike, que ganharam como companhia roupas esportivas e até relógios.

Já a BIC, quando decidiu estender sua marca para perfumes, não foi bem-sucedida; o mesmo destino teve a Levi's, fabricante de *jeans*, quando resolveu produzir também ternos de trabalho.

Multimarcas

Como vimos, há a possibilidade de a empresa valer-se da estratégia de marcas múltiplas ou multimarcas. Por exemplo, desde que entrou no Brasil, em 1988, a Procter & Gamble atua em diversos ramos de negócio: sabonete, detergente e sabão em pó.

Nesta última indústria ela mantém quatro marcas distintas: Ace, sabão de alto desempenho, cujo objetivo é tirar o encardido das roupas; Bold, sabão em pó que contém amaciante; Pop, para limpeza em geral; e Ariel, produto *premium* para remoção de manchas. Esta estratégia possibilita à Procter & Gamble segmentar seus diferentes públicos, com estratégias de preço, promoção e distribuição também diferentes.

Quando o jornal *O Globo*, do Rio de Janeiro, percebeu que seu concorrente *O Dia*, destinado às classes sociais mais baixas, tinha uma circulação maior que a sua, decidiu lançar um novo diário. Eles poderiam ter utilizado a estratégia de extensão de linha? Obviamente que não, pois neste caso perderiam seus leitores habituais. A opção foi lançar um jornal com uma marca diferente — *Extra* — focado no mesmo segmento de *O Dia*.

Novas marcas

Por definição, a marca é a carteira de identidade do produto ou da empresa e, seguindo a tendência mundial de especialização, muitas empresas optam por lançar uma nova marca para entrar em um mercado absolutamente distinto.

De fato, é muito pouco provável que as marcas Boeing ou a Airbus, sinônimos de qualidade no mercado aeronáutico, pudessem servir de respaldo para o lançamento de uma linha de congelados.

Por exemplo, a Pepsi Company, fabricante do refrigerante homônimo, mantém as marcas Quaker (aveia), KFC e Pizza Hut (restaurantes) e Gatorade (isotônicos), pois seus conceitos são absolutamente distintos.

Marcas combinadas (co-branding)

Como a competição no mercado está cada vez mais acirrada, muitas empresas optam por fazer parcerias estratégicas e *joint ventures*. O mesmo ocorre na elaboração da estratégia de marca.

A estratégia denominada *co-branding* — partilha da marca, numa tradução livre — a rigor, significa a associação entre duas empresas num mercado em que nenhuma delas poderia — ou suportaria — entrar isoladamente, quer pelo investimento, quer pela especificidade do produto. Esse é o exemplo da *joint venture* Sony-Ericsson no mercado de telefonia celular.

Todavia, podemos nos apropriar desse termo para analisar as parcerias entre as marcas, as quais resultam em produtos que exploram os melhores traços de cada marca. Esse é o exemplo da linha Ferrari dos computadores Acer; ou ainda, do tênis Adidas com o solado de borracha da Good Year; e do produto "Omo com toque de Comfort". Vale lembrar que, neste último caso, ambas as marcas pertencem à Unilever.

Decisão de nome de marca

Quando uma empresa decide que é fundamental para o sucesso de seu produto uma marca, ela tem consciência de que está optando por uma continuidade, ou seja, ao identificar o que estão comprando, os clientes esperam receber sempre a mesma qualidade, compra após compra. Por isso o dilema: como batizar meu produto?

Os profissionais de marketing sabem das funções de comunicação intrínsecas ao nome de marca, pois, entre as várias opções existentes no mercado, ele deverá atrair a atenção do seu público-alvo e diferenciar o seu produto dos similares da concorrência.

Este nome não pode ser complicado, deve ser de fácil memorização e único, pois visa refletir o conceito do produto, uma vez que, como veremos a seguir, facilitará a estratégia de posicionamento.

Já que marca é uma promessa, seu nome deve ser o espelho dos seus atributos e pode estar relacionado ao nome de uma pessoa (Calvin Klein, Donna Karan, Gucci), à origem do produto (Air France, Restaurante Alfama, Refrigerantes Frevo), ao seu conceito-base (Hora Certa, Anjo da Guarda, Velox).

Vivemos num mundo de culturas diversas. Portanto, se atuaremos em diversos mercados, deveremos nos assegurar de que não estaremos ferindo sensibilidades e de que consumidores com percepções diferentes entendam o que estamos querendo comunicar? A resposta é sim. Por exemplo, há anos a Globo lançou um programa semanal chamado *Muvuca*; contudo, esta é uma gíria tipicamente carioca e foram necessárias semanas para explicar para o resto do país o que era "muvuca".

Da mesma forma, ao diversificar sua linha, lançando a pasta de dente com juá, a Sorriso negligenciou o fato de este ser um forte atrativo para a região Nordeste, onde a planta juá está associada à higiene bucal, mas de pouca ou nenhuma relevância no resto do país.

A decisão do nome reflete a estratégia de marca escolhida pela empresa. A Unilever fabrica o Omo e o Minerva; a rede de hotéis Starwood administra o Sheraton, o Westin e o Four Points. Qual é a vantagem? Esta alternativa facilita a segmentação de mercado. O que seria da Ferrari e da Alfa Romeo se também se chamassem Fiat? Apesar de todos os produtos levarem a "assinatura" da companhia-mãe, o fracasso de um deles não danifica a imagem da empresa. De fato, a Coca-Cola saiu ilesa do desastre que foi o Frutopia aqui no Brasil.

Já as companhias que praticam a estratégia de marca única (GE, Sony, Honda) estendem esta prática para a escolha do nome, o que caracteriza uma opção por nomes de família abrangentes. Como vimos, isto significa uma redução de custos e também a tentativa de transferir a qualidade já conhecida e percebida pelo público.

Quando as empresas atuam em mercados muito distintos, e que elas fazem questão de demarcar, a opção é por nomes de família separados. Por exemplo, a Nestlé batizou sua ração para cães de Alpo, sua linha de biscoitos de São Luiz (com várias subdivisões), seus chocolates de Galak (branco), de Diplomata, mas todos com a grife Nestlé.

Em outras situações, a opção é por explicitar o nome da empresa, combinando-o com o do produto, por exemplo, cheque-estrela Itaú, seminovos Localiza.

Valor de marca (*brand equity*)

Já vimos que marca não é só o nome de um produto e uma empresa. Mas como podemos avaliar o quanto ela significa financeiramente para a organização? Por que corporações como a Kibon, Wella, Kraft e General Foods foram adquiridas por valores muito superiores ao seu valor contábil (o que inclui seus bens tangíveis)?

No site da Interbrand (www.interbrand.com) você tem acesso ao valor de uma multiplicidade de marcas. Por exemplo, em 2003, a marca Coca-Cola foi avaliada em US$ 70,45 bilhões, seguida de perto da Microsoft (US$ 65,17 bilhões), IBM (US$ 54,77 bilhões) e GE (US$ 42,34 bilhões). Contudo, em 2002, a marca mais valiosa foi a Microsoft. O que justificou a perda da liderança? O seu valor foi reduzido em 7% em função de uma briga com o Departamento de Justiça norte-americano por conta de práticas monopolistas.

Os valores mensurados pela Interbrand são chamados de *brand equity*. Mas o que é *brand equity*? É o valor da marca, ou seja, o seu valor de mercado. Mas como ele pode ser determinado? Como a Interbrand Corporation e a J.P. Morgan podem afirmar que, em 2009, as 10 marcas mais valiosas do mundo foram (em US$ bilhões): Coca-Cola (68,734), IBM (60,211), Microsoft (56,647), GE (47,777), Nokia (34,684), McDonald's (32,275), Google (31,980), Toyota (31,330), Intel (30,636) e Disney (28.447)?

Estes são valores percebidos e imputados pelo mercado em função:

❑ da saúde financeira da empresa, sua reputação, clientela (mercado potencial e potencial de mercado), sua perspectiva de lucro e retorno de dividendos para os acionistas;
❑ da percepção da marca pelo mercado (preço, qualidade) e das associações que os clientes fazem com a marca (imagens, atributos do produto, situações, personalidade, símbolos);
❑ da fidelidade dos clientes (grau de retenção, taxa de recompra);
❑ do *brand awareness*.

Então perguntamos: será que o *brand equity* da Toyota será abalado pelos recentes *recalls*? Por quanto tempo a Apple estará fora desta lista?

Brand awareness é a consciência de marca, ou seja, o quanto ela é conhecida, o que pode significar uma vantagem competitiva para uma empresa ao lançar novos produtos (depois das lâminas de barbear, a Gillette lançou creme de barbear, loção pós-barba, desodorante) ou, ainda, penetrar em novos mercados (a Honda, fabricante de motos, entra no mercado de automóveis e lanchas).

Lembra-se do que discutimos em estratégia de marcas? O reconhecimento da marca (*brand awareness*) está intrinsecamente associado à capacidade de os consumidores a identificarem por meio de imagem corporativa (o símbolo da Nike, o M do McDonald's), cor (o laranja da Gol), *slogan* ("a número 1", "não é nenhuma Brastemp") e som (música ou *jingle*) a ela associados.

O desafio das marcas no século XXI

O consultor de empresas Adrian Slywotzky (2002) realizou uma pesquisa que apontou 30 megapadrões de mudanças estratégicas que podem tornar uma empresa mais lucrativa, e um deles é "o produto movido à marca", pois elas geram valor percebido pelos consumidores, uma vez que asseguram qualidade.

Por outro lado, os profissionais de marketing não podem se descuidar da relação custo-benefício, uma vez que trabalhar a imagem de marcas como a masculinidade de Marlboro, a força da nova geração da Pepsi e a segurança da Volvo é um trabalho árduo e extremamente caro. Outro aspecto é a dinâmica na qual estamos inseridos que, muitas vezes, como veremos no próximo capítulo, força algumas empresas a se reposicionarem.

Neste início de novo século, podem ser apontadas como as principais tendências para a elaboração da estratégia de marcas:

- mudança na psicologia dos consumidores, que passam a valorizar mais os aspectos intangíveis dos produtos do que sua própria funcionalidade;
- foco no marketing de relacionamento visando à customização dos produtos e ofertas, bem como o monitoramento do comportamento do público-alvo;
- diversificação das marcas para atender aos diversos segmentos;
- transparência na comunicação para os clientes externos, internos e acionistas;
- consolidação de um grupo de clientes, menor do que gostaríamos, porém maior do que imaginamos, que são mais do que fiéis; são torcedores fanáticos da marca.

10

Embalagem e rotulagem

No capítulo anterior vimos que a grande maioria dos produtos, tanto os destinados às empresas quanto os destinados aos indivíduos, utiliza-se de marcas para se destacar no mercado.

Uma forma de uma marca ser trabalhada é por meio de sua estratégia de embalagem e rotulagem.

Neste capítulo estudaremos os aspectos mercadológicos, logísticos e jurídicos que têm impacto sobre a escolha da embalagem e do rótulo de um produto.

Embalagem

Atualmente, o maior desafio dos profissionais de marketing é o paradoxo marcas fortes *versus* consumidores migratórios. O mercado exige que as empresas entreguem mais por menos, e a sensação que se tem é que, por mais que se faça, os produtos tendem a virar *commodities*.

A sobrevivência das empresas reside na sua capacidade de inovação e diferenciação, por meio de novas marcas, conceitos e embalagens. Por exemplo, num supermercado que comercialize 15 mil produtos, o comprador comum passa por cerca de 300 itens por minuto. Dado que 53% das compras são feitas por impulso, a embalagem eficaz tem um papel crucial: o de comercial instantâneo.

A embalagem deve desempenhar muitas das tarefas de vendas: atrair a atenção, descrever os aspectos do produto, criar confiança no consumidor e transmitir uma imagem favorável.

Recentemente, a Antarctica alavancou suas vendas comercializando o guaraná Pokemon. Apostando na atual tendência nostálgica, a Coca-Cola está reeditando a velha garrafinha em vidro e a Parmalat volta a oferecer leite em garrafa (na versão Longa Vida).

De fato, a embalagem é um elemento tão importante na elaboração de um produto campeão, que alguns teóricos a apontam como o quinto P de marketing: *packing*. A embalagem é a tangibilização do conceito do produto. A embalagem dos perfumes do Jean Paul Gaultier é a visão concreta do poder de sedução de um homem e de uma mulher; a nova garrafa da Skol é a própria modernidade; a tradicional garrafa do champanhe francês Veuve Clicquot é a personificação da elegância.

Obviamente, ocorrem erros: ao lançar cerveja em garrafa de champanhe para a comemoração do Reveillon, a Brahma só arrecadou prejuízos. O mesmo ocorreu no Rio Grande do Sul, com a comercialização de vinhos em embalagem Tetra-Pak. Foi uma tentativa de baratear o custo final mas, para o brasileiro, o consumo de vinho está associado ao romantismo e à elegância.

Na confecção da embalagem não se pode negligenciar sua função primordial, que é a de proteger o produto durante seu transporte e estocagem, nem negligenciar os custos de logística e transporte, cujo principal parâmetro é a eficiência cúbica (espaço que ocupa no depósito, no transporte e na exposição).

A embalagem deve diferenciar o produto quando ele é visto isoladamente, em grupo e, principalmente, entre seus concorrentes. Portanto, saber escolher a forma e as cores é essencial. As cores vivas do Omo não só destacam o produto na prateleira, como comunicam ao consumidor que suas roupas não ficarão desbotadas.

Uma empresa pode inovar e, portanto, melhorar sua imagem no mercado introduzindo um novo tipo de embalagem, como foi o caso da cerveja em lata Skol, as tampas que dispensam abridores da Cica e as novas embalagens de plástico do *ketchup* Hellman's, substituindo a tradicional de vidro.

A Tetra Pak, multinacional sueca, é um bom exemplo do poder da embalagem inovadora e do respeito ao cliente. Ela inventou a embalagem asséptica, que permite que leite, suco de frutas e outros líquidos perecíveis sejam distribuídos sem refrigeração. Isso permite distribuir leite numa maior área, sem investir em caminhões refrigerados.

O perfil dos consumidores brasileiros mudou drasticamente nos últimos anos em função da abertura de mercado, da regulamentação de leis que os protegem e da sensação de que, finalmente, a impunidade de inescrupulosos no Brasil está sendo combatida. Assim, é fundamental que a embalagem seja um instrumento de transparência para a empresa, ou seja, que ela forneça todas as informações sobre o produto, seus componentes e desempenho, pois a verdade é um meio de fidelização.

Recentemente, no Brasil, testemunhamos o fenômeno da "maquiagem" de embalagens, quando um tradicional fabricante reduziu o conteúdo da lata de leite em pó de 454 g para 400 g sem a devida comunicação ao consumidor, nem redução do preço, nem redução do tamanho da lata, diminuindo, portanto, a probabilidade de que o consumidor percebesse que estava sendo lesado. O mesmo aconteceu com os rolos de papel higiênico (40 m para 30 m) e sabão em pó (1 kg para 900 g). Essas empresas estão vulneráveis a ações na Justiça.

Como profissionais de marketing não podemos perder o foco de economizar, mantendo a ética, por meio de novas embalagens, como foi o caso da Cremer, fabricante de fraldas, toalhas e produtos hospitalares, que reduziu seus gastos anuais de embalagem em US$ 1 milhão, com um investimento de US$ 60 mil na redução do número de tipos de caixas de papelão empregadas, pela substituição de esparadrapos por um tipo de filme termoencolhível e até pelo "encolhimento" das abas de fechamento de alguns pacotes.

Uma das mais famosas lendas no marketing é sobre o desafio que um fabricante de dentifrício enfrentava para alavancar suas vendas, pois já havia tentado reduzir preços, realizar diversas promoções e até campanha publicitária. Foi quando uma secretária sugeriu então que aumentasse o buraco do tubo de pasta de dente.

Na realidade, o que se discutia era a capacidade de a embalagem ser usada para intensificar a utilização do produto. Um pacotinho de Clube Social é fácil de transportar, podendo ser consumido em diversos lugares (praia, cinema, trânsito), o mesmo valendo para o Toddinho e embalagens unitárias de preservativos masculinos.

Outro fator a ser considerado é a responsabilidade ecológica das empresas ao escolherem os invólucros para os seus produtos. Como a sociedade tem se tornado mais consciente neste sentido, e os governos adotado leis mais severas, o produto pode ter seu valor percebido acrescido, se sua embalagem for biodegradável ou feita de materiais recicláveis.

Rotulagem

Se na elaboração da embalagem as empresas têm uma grande liberdade criativa, o mesmo já não se pode dizer dos rótulos, pois na sua confecção muitos aspectos legais (tamanho, fonte, dados e informação) devem ser observados.

Ao passearmos por um supermercado veremos rótulos que não passam de uma mera etiqueta colada no produto, mesmo sendo projetos gráficos muito sofisticados.

Por outro lado, há informações imprescindíveis, tais como: nome do fabricante; data de fabricação; prazo de validade; lote; ingredientes ou materiais que compõem o produto; país de origem; classificação do produto segundo as leis vigentes do país onde está sendo comercializado; fácil explicação sobre o uso do produto, seus eventuais perigos e usos errados potenciais.

O rótulo tem também um papel proativo de marketing: ser canal de comunicação entre o público e a empresa. De fato, o Código de Defesa do Consumidor obriga a inclusão do número de telefone do SAC, ou a home page e o e-mail da gerência de relações com clientes do fabricante nos rótulos de seus produtos.

É importante também que o profissional de marketing leve em consideração que, assim como a embalagem, o rótulo também deve refletir o poder aquisitivo do seu segmento de mercado, seja por classe social (mais sofisticados), por estágio do ciclo de vida (letras maiores para idosos) ou por estilo de vida (mais arrojados para desportistas).

11

Estratégia de posicionamento

Poucos são os produtos que conseguem agradar vários públicos-alvo ao mesmo tempo; mesmo a mundialmente aceita Coca-Cola oferece seu refrigerante em embalagens de diversos tamanhos, pois assim atinge desde um consumidor individual até famílias. Esta busca por um nicho de mercado, um público-alvo específico, é chamada de segmentação.

Segmentar significa buscar consumidores com características de consumo semelhantes. No mercado consumidor, uma empresa pode focar determinada classe social, faixa etária, raça, estágio de vida. Por exemplo, apesar de serem do mesmo fabricante, o público-alvo do Ford Fusion é completamente distinto daquele do Ford Ka.

No caso do mercado organizacional, os consumidores podem ser segmentados geograficamente, por volume de compras, por frequência de compras, entre outras formas.

Contudo, na década de 1980, Al Ries e Jack Trout (1987) argumentaram que, para as empresas serem bem-sucedidas, mais importante do que saber segmentar é ser capaz de criar uma posição na mente do cliente em potencial, ou seja, cativar os consumidores por meio de algum atributo específico do produto ou da empresa.

Como os consumidores são bombardeados por uma multiplicidade de produtos, marcas e serviços com os mais diferentes apelos, os profissionais de marketing valem-se do posicionamento para achar seu flanco de mercado, um lugar onde estarão salvaguardados da concorrência dos seus similares.

O posicionamento eficaz requer, obviamente, o profundo conhecimento do consumidor: seus desejos, hábitos, comportamento e fatores decisórios para a compra, pois, só assim, poderemos entender como nossos clientes montam seus *rankings* de preferência na mente.

Por exemplo, quais são os atributos que levam o viajante habitual da ponte aérea Rio–São Paulo a escolher sua companhia aérea? Mais de 85% desses passageiros estão a negócios, não pagam a própria passagem e têm uma agenda de compromissos apertada. Em pesquisa realizada em 2002, foram apontados como fatores determinantes na escolha da empresa a frequência de voos e a pontualidade. Não é que estes passageiros não valorizem o serviço de bordo, o preço e o crédito de milhas, mas estes aspectos não têm um grau de importância alto na hora da opção. Portanto, não nos surpreende que, apesar de ser mais cara que as concorrentes, a TAM seja líder de mercado nessa rota.

Posicionamento de produtos

Já vimos que uma das funções dos gerentes de produtos, dentro do contexto empresarial, é cuidar da imagem de "seus filhos", o que implica a elaboração de uma estratégia de posicionamento eficaz. A rigor, há três possibilidades:

- fortalecer a posição atual;
- mudar para uma nova posição;
- reposicionar o concorrente.

A chave principal para que esses profissionais sejam bem-sucedidos é estudar o mercado a fundo, conhecer o desejo e o comportamento dos consumidores, bem como buscar conhecer os concorrentes melhor do que eles mesmos se conhecem.

Quando a opção da empresa é pelo fortalecimento da posição atual, o foco da estratégia residirá no monitoramento da dinâmica do mercado consumidor e na sua própria *core competence*, ou seja, no que a faz distinta. Essencialmente, o sucesso dessa estratégia reside na capacidade da empresa em satisfazer continuamente as expectativas dos seus clientes e conseguir que eles percebam — ou continuem percebendo — os produtos da empresa como os únicos capazes de atender às suas necessidades.

Por exemplo, quando a Procter & Gamble entrou no mercado de sabão em pó *premium* lançando o Ariel, seu objetivo era abocanhar 10% do mercado; contudo, o líder do segmento, o Omo, produzido pela Unilever, conseguiu manter sua liderança, lançando novos subprodutos (Multiação, Máquina, Progress) e reforçando a imagem percebida pelo consumidor de ser o mais eficaz.

Como foi mencionado, o mercado é dinâmico, o que pode levar alguns produtos à redução de *market share*, declínio no volume de vendas e até mesmo à perda da confiança dos consumidores. Quando isto ocorre, fortalecer a posição atual é muito arriscado, pois poderemos estar agravando ainda mais a situação desfavorável. Por isso, para enfrentar essas adversidades a opção é pelo reposicionamento do produto, isto é, uma mudança para uma nova posição.

A estratégia de reposicionamento pode eventualmente contemplar mudanças fundamentais em qualquer um, alguns ou todos os elementos que formam o composto de marketing. O novo design e a propaganda do Corolla (da Toyota) apontam para um público-alvo mais jovem. O mesmo ocorreu com as sandálias Havaianas, que, lançando novos modelos, passou a focar também o mercado *fashion*, e com a maionese Gourmet, que, ao dar sinais de cansaço e envelhecimento, ganhou sabores, embalagens e consistências diferentes para ser refrescada.

Por outro lado, a tática pode ser forçar o concorrente a se reposicionar, atacando-o nos seus pontos fortes, fazendo com que sua participação de mercado entre em declínio. A entrada da companhia aérea Gol forçou a TAM e a Varig a reduzirem seus preços ou a aumentarem as tarifas promocionais nas rotas em que o preço era um fator determinante na escolha da companhia aérea. No entanto, o caso mais clássico foi o fiasco da New Coke em 1985, tentativa da Coca-Cola em reposicionar seu tradicional refrigerante em face da agressiva campanha da Pepsi, que se colocava como o sabor da nova geração.

Posicionamento de marcas

Vimos como as empresas lutam para segmentar seus produtos, que podem variar de sabor (Fanta Citrus, Fanta Maçã, Fanta Laranja), de tamanho (Sony Wega de 34, 29 ou 21 polegadas) ou até de características (linhas *diet* e *light* de alguns produtos). Agora, é hora de pensar como as empresas posicionam as suas marcas. O que vem à nossa cabeça quando pensamos em Brastemp, Sony, Danone? Certamente, é credibilidade.

O que torna uma marca forte é sua credibilidade, é a segurança de sabermos o que estamos comprando. Esta credibilidade pode ser construída através de experiências anteriores de *merchandising* ou degustação. Muito antes de colocarem no ar sua primeira propaganda, que por sinal foi agradecendo a preferência, os sucos Del Valle já haviam conquistado o mercado brasileiro.

A Brahma conseguiu posicionar-se como líder de mercado (A número 1) da mesma forma que a Brastemp se firmou como sinônimo de qualidade (Não é nenhuma Brastemp): através da propaganda.

A capacidade em inovar tecnologicamente é um fator determinante para que uma empresa se posicione como confiável e moderna. Este é o caso da Apple e sua linha de computadores pessoais, Ipod e, agora, o Ipad e o constante lançamento de novos programas e aplicativos.

A confiança do público também pode ser conquistada quando uma marca está associada a outra percebida como de qualidade. Por exemplo, as relações comerciais são fatores fundamentais para que se percebam os computadores da IBM e os microprocessadores da Intel como bons; o mesmo vale para a imagem do Nestea, chá gelado, fruto da parceria da Nestlé com a Coca-Cola.

Assim como os produtos, as marcas também podem ser reposicionadas para que se aproveitem novos nichos de mercado ou se enfrente a concorrência. Foi exatamente o que aconteceu com a Ellus que, ao aumentar o preço dos seus produtos e abrir uma loja na região nobre de São Paulo, passou a ser consumida por um segmento social mais elevado. O mesmo aconteceu com as Lojas Renner, quando selecionou como público-alvo mulheres adultas que compram não só para si, mas para sua família.

Mapas de posicionamento de produtos e marcas

Já vimos que a condição *sine qua non* para que o nosso produto seja campeão reside no fato de sua concepção iniciar no público-alvo e nos seus desejos. Após havermos segmentado o mercado, tê-lo compreendido, devemos então trabalhar no composto de marketing.

A base para desenvolvermos um marketing *mix* eficaz é a estratégia de posicionamento: como criarmos uma imagem clara, forte e coerente de nosso produto para que os consumidores possam diferenciá-lo de seus concorrentes e, assim, desenvolver uma imagem de marca forte que resulte na fidelização dos clientes.

O que faz com que um homem pague US$ 20,00 por uma cueca Calvin Klein e não R$ 20,00 por uma Zorba? Ao entrar numa loja para comprar uma TV de 29 polegadas, um indivíduo se depara com as seguintes alternativas: Gradiente (R$ 1.139,00), Sony Wega (R$3.499,00), Phillips (R$ 1.769,00), LG (R$ 1.699,00), Panasonic (R$1.199,00) e CCE (R$ 987,00). Qual comprar?

Tanto a escolha da cueca quanto a da TV estão relacionadas com o posicionamento do produto na mente do consumidor, a importância que é dada ao objeto e à marca; na realidade, ao conceito do produto. Comprar *lingerie* da Victoria's Secret significa comprar sedução, uma bolsa da Prada significa elegância e assim por diante.

Com base no conceito do produto que estivermos trabalhando é que buscamos elaborar um posicionamento efetivo, que deve levar em consideração não só como ele é visto em relação aos seus concorrentes, mas também como o profissional de marketing quer que ele seja visto.

Fica claro, então, que para elaborarmos uma estratégia de posicionamento devemos conhecer a fundo nosso cliente, o que envolve extensa pesquisa de mercado e também um eficaz marketing de relacionamento.

Os consumidores avaliam os produtos em função da comparação entre os atributos oferecidos e os desejados. O conhecimento de critérios de avaliação é fundamental para que as empresas criem uma vantagem competitiva. Um dos métodos mais utilizados pelos profissionais de marketing é o mapeamento perceptual.[2]

Os mapas de posicionamento são um valioso instrumento de marketing, uma vez que possibilitam: identificar que produtos, serviços e marcas competem no mercado, sugerindo

---

[2] Caso você queira se aprofundar no assunto, veja as instruções de mapeamento perceptual no site <www.surveysite.com/newsite/docs/brandmap.htm> para ver ou criar o seu próprio mapa.

as possíveis estratégias de segmentação; identificar possíveis fraquezas dos atributos do produto; propor novos conceitos e atributos a serem desenvolvidos; monitorar as percepções dos consumidores ao longo do tempo; identificar as diferenças de percepções entre diferentes grupos de pessoas.

Vamos agora analisar um caso hipotético: a creche Sorriso de Criança (figura 16). A empresa encomendou uma pesquisa de marketing para determinar as razões que mais influenciam a escolha dos pais. Apesar de o preço ser um forte determinante, ficou claro que os atributos essenciais na escolha são a qualidade percebida da instituição e a proximidade da casa. Assim, o mapa da figura 16 pôde ser desenhado.

Figura 16
MAPA DE POSICIONAMENTO DA CRECHE SORRISO DE CRIANÇA

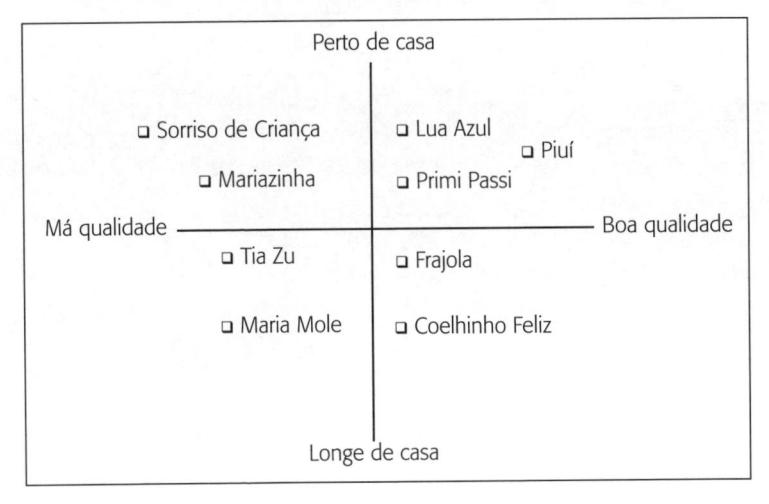

	Perto de casa	
□ Sorriso de Criança	□ Lua Azul	□ Piuí
□ Mariazinha	□ Primi Passi	
Má qualidade	———————————	Boa qualidade
□ Tia Zu	□ Frajola	
□ Maria Mole	□ Coelhinho Feliz	
	Longe de casa	

A Sorriso de Criança percebeu, então, que para o seu público-alvo ela está bem localizada, porém a qualidade percebida de seu produto é muito inferior à da Lua Azul, Piuí, Primi Passi, Frajola e Coelhinho Feliz, sendo que estas duas últimas levam desvantagem quanto à localização.

Para se posicionar como uma forte concorrente ante as três primeiras, o que a Sorriso de Criança deverá fazer? Ser percebida como uma creche de qualidade. Mas o que significa qualidade para os pais? Atenção dos funcionários? Limpeza? Atividades aquáticas? Só com base nesta definição, que pode ser obtida por meio de uma pesquisa de marketing, a empresa em questão poderá elaborar uma estratégia.

12

O gerenciamento de produtos e marcas nas organizações

As empresas, tradicionalmente, têm-se estruturado de forma a garantir a gestão adequada do portfólio de produtos e marcas, organizando suas equipes por famílias de produtos, de acordo com o porte e a diversidade de suas carteiras e operações. Os diretores de produtos ou de marketing geralmente são os líderes desta gestão. Os gerentes de grupo de produtos costumam ser os gestores de um portfólio específico, contendo uma carteira de produtos que possuem alguma semelhança entre si. É muito comum que esta determinação de carteiras de produtos reflita a estrutura de unidades de negócio da instituição.

Nas empresas de maior porte existe ainda a preocupação de separar um gerente ou um grupo de gerentes de novos produtos. Esta separação tem o objetivo de garantir o foco da empresa na inovação, pois as atividades de gestão das carteiras consomem de forma muito elevada o tempo do gerente de produtos.

Outra preocupação mais recente nas grandes corporações é que o portfólio de produtos nem sempre reflete a segmentação de clientes adotada, de forma que o enfoque estratégico vem a correr o risco de estar estruturado por produto e não pelo cliente e pelo mercado. Um exemplo disso ocorre quando, por exemplo, um cliente de um banco, que está utilizando o seu limite de crédito do cheque especial, recebe uma comunicação vendendo fundos de investimento, fato ainda consideravelmente comum e que reflete o marketing de produtos, e não para clientes. Surge, então, um dilema, pois a gestão de carteiras ainda é necessária, mas a gestão do segmento também. Para solucioná-lo, as empresas têm criado estruturas cruzadas ou matriciais, envolvendo a tradicional gestão de famílias de produtos e dos principais segmentos de clientes.

O papel dos gestores de produtos e marcas

Provavelmente, não existe nas estruturas empresariais um papel mais multidisciplinar que o de gerente de produtos. Este profissional se relaciona com todas as estruturas da empresa e precisa ter, necessariamente, um perfil de extrema negociação e poder de argumentação, além de ser capaz de ter visões estratégicas e táticas bastante amplas da atuação da empresa como um todo e de suas relações com o mercado. Ele deve ter, também, extrema habilidade criativa, de inovação, aliada a um forte senso matemático e financeiro para a análise de negócios e projetos.

Interage internamente com jurídico, pesquisa e desenvolvimento, vendas, distribuição, produção, atendimento, assistência técnica, recursos humanos, qualidade, enfim, todas as áreas. Externamente, com fornecedores, clientes, outras empresas na estruturação de alianças estratégicas, parcerias e acordos de negócio tanto no país quanto no exterior, com a matriz, afiliadas ou em acordos globais.

Trata-se de um perfil bastante complexo, pois, em última instância, o gerente de produtos é o grande balizador entre os interesses muitas vezes conflitantes de imagem, volume e resultados da empresa e de seus acionistas.

Os sistemas de informação e controle de produtos e marcas

A rapidez em acompanhar o dinamismo da informação de mercado e o seu melhor uso para subsidiar a tomada de decisão são fatores críticos de sucesso para a atividade empresarial e, em particular, da gestão de produtos e marcas.

As empresas que se têm destacado nesta área fizeram razoáveis investimentos de tempo, recursos financeiros e, principalmente, *know-how* para a estruturação de departamentos e ferramentas de inteligência de mercado.

As fontes de informação desses sistemas vêm de pesquisas de mercado, institutos, revistas especializadas, sistemas de atendimento, vendas, distribuição, assistência técnica, informações de vendas e financeiras.

A grande dificuldade neste processo sempre foi a integração dos dados disponíveis, principalmente internos, para a empresa, de forma que fosse possível uma visão única para a tomada de decisão. Recentemente tem-se notado que a filosofia de planejamento e gestão integradas (*enterprise resource planning* — ERP), em conjunto com a gestão do relacionamento com o cliente (*customer relationship management* — CRM), quando bem implementadas, têm facilitado em muito a solução do desafio de construir uma visão integrada do negócio.

Em algumas empresas, esses sistemas e processos acabaram extrapolando a função de sistemas de informação e se transformando em sistemas de gestão da inovação. A Unilever, por exemplo, possui uma base de dados única mundial, que registra todas as informações do mercado, da própria empresa, e suas experiências de inovação, com históricos e resultados disponíveis para seus executivos de forma global — o *innovation process management* (IPM). Esta ferramenta também serve para a gestão dos passos do processo de inovação e desenvolvimento de produtos, garantindo a documentação e a aprovação nos pontos de controle pelos executivos-chave. Assim como a Unilever, a 3M também possui o *innovation network* com características e funções muito semelhantes.

Por outro lado, os gerentes de produtos devem atingir seus objetivos agindo com ética, responsabilidade social e ambiental.

Considerações sobre a ética na gestão de produtos e marcas

A cada dia, os clientes têm construído uma consciência sobre a responsabilidade perante a sociedade como um todo, extrapolando suas atividades.

Pesquisa publicada pelo jornal *Valor*, em 2010, demonstrou que no mercado americano 63% dos clientes levam em consideração a postura ética da empresa no ato de sua compra. Este número chega a 88% na Alemanha, Suécia e Dinamarca.

Semelhante pesquisa realizada no Brasil pelo Instituto Akatu pelo Consumo Consciente, em janeiro de 2003, identificou 20%. Em 2009, este número subiu para 37%. Apesar de o número inicialmente não ser muito animador, 66% dos brasileiros declararam que gostariam de ser consumidores conscientes, o que demonstra uma tendência de evolução crescente.

Assim, as responsabilidades sociais e ambientais passaram a ter influência direta no resultado dos negócios. Empresas dos mais diversos portes têm promovido atividades sociais e ambientais e publicado seus respectivos balanços.

A sociedade e suas entidades representativas têm-se organizado para tal e o Instituto Ethos, em particular, tem estabelecido critérios para a avaliação das iniciativas das empresas no chamado terceiro setor.

Responsabilidade social e ambiental

Em um país em desenvolvimento como o Brasil, onde a diversidade da fauna e da flora é tão relevante, não só para o país como para todo o mundo, as iniciativas sociais e ambientais das empresas são fundamentais.

Uma empresa em particular tem-se destacado nesta atuação no país: a Natura. Um aspecto que torna ainda mais interessante este caso é que a necessidade de inovação em seu negócio vem tendo a resposta adequada a partir de uma atividade socioambiental.

A linha Ekos, além de fazer com que a empresa tenha uma nova linha de produtos bastante distinta de sua proposta original e bastante diferenciada, promove o desenvolvimento e integração de regiões bem remotas, com a preocupação de manter o equilíbrio desses delicados e pouco explorados ecossistemas. Esta política de atividades socioambientais tem sido a pauta da cartilha da Natura. Uma cartilha de vultosos diferenciais e lucros.

Conclusão

Ao longo deste livro vimos que as principais razões que podem levar um produto ao sucesso são: o desenvolvimento começa no cliente (de fora para dentro); há pesquisa para detectar perspectivas amplas de estratégia; há pelo menos uma vantagem competitiva que possa ser extrapolada para toda a linha de produtos (exemplo: embalagem, facilidade tecnológica); há um marketing de relacionamento eficaz (tanto com os consumidores finais, quanto com distribuidores e fornecedores); o gerente de produto sabe administrar riscos financeiros.

Por outro lado, descobrimos o que pode levar um produto ao fracasso: erro no conceito; falha na execução; falha na pesquisa; e razões mais genéricas como, por exemplo, análise inadequada do mercado, oportunidades mal-identificadas, falsas premissas, subestimação da reação da concorrência e das barreiras de entrada.

Como evitar cair nestas armadilhas? Lembramos um velho conselho: se vale a pena ser feito, faça benfeito! Se todo gerente de produto ouvisse este sábio conselho materno, a maioria dos produtos lançados no mercado não estaria destinada ao fracasso, como ocorre hoje.

Marketing não pode ser visto como algo meramente intuitivo; tem que haver respaldo de metodologia e ferramentas. Seus projetos estão inseridos num contexto socioeconômico-político. Alguns profissionais da área aprenderam que o fato de fazer calor no Brasil e de os brasileiros tomarem café não justificava o lançamento de uma latinha de café gelado, assim como o fato de as mulheres gostam da cor rosa não significa que comprem microondas, geladeiras e fogões desta cor.

O sucesso de um produto depende também do envolvimento de todos os funcionários da organização. Mais do que envolvidos no processo, eles devem estar comprometidos com ele. Portanto, um bom gerente de produtos, além de acompanhar o desenvolvimento do macroambiente em que vive — o que implica noções de economia, sociologia, antropologia, direito —, deve ser criativo, inovador, saber finanças para justificar com fatos e dados seus projetos, e ainda ser um gerente de pessoas.

Nós, profissionais de marketing, devemos ser eficientes, eficazes, mas sem nunca negligenciar o nosso compromisso com a ética, com a responsabilidade social e ecológica. Nosso lucro não pode ser obtido por meio de maquiagem de embalagem, ingredientes adulterados, horas extras não remuneradas, condições de trabalho desumanas, trabalho escravo, poluição do meio ambiente.

Para concluir, queremos reiterar que este livro não deve ser visto como uma receita de bolo, pois estaríamos menosprezando a inteligência e a capacidade criativa de nossos leitores. Mas que provoque um momento de reflexão, no qual, juntos, possamos repensar as práticas do mercado, as nossas práticas, colaborando para a construção de um mundo mais fraterno.

Referências

AAKER, David A. *Marcas:* brand equity gerenciando o valor da marca. São Paulo: Negócio, 1998.

BASTA, Darci et al. *Fundamentos de marketing.* Rio de Janeiro: FGV, 2003.

BEDBURY, Scott. *O novo mundo das marcas:* 8 princípios para a sua marca conquistar a liderança. Rio de Janeiro: Campus, 2002.

BLATTBERG, Robert C.; Deighton, John. Manage marketing by the customer equity test. *Harvard Business Review*, Jul./Aug. 1996.

BOOZ-ALLEN &HAMILTON. *New product management for the 1980s.* New York: Booz-Allen & Hamilton, 1982.

CHURCHILL JR., Gilbert A.; PETER, J. Paul. *Marketing, criando valor para os clientes.* São Paulo: Saraiva, 2000.

CLARK, Kim; WHELWRIGHT, Steven. *New product and process development.* New York: New Press, 1993.

DESCHAMPS, Jean-Philippe; NAYAK, P. Ranganath. *Produtos irresistíveis.* São Paulo: Makron, 1996.

DIAS, Sergio Roberto et al. *Gestão de marketing*. São Paulo: Saraiva, 2003.

FERREL, O. C.; HARTLINE, Michael D.; LUCAS Jr., George H.; LUCK, David. *Estratégias de marketing*. São Paulo: Atlas, 2000.

GERTZ, Dwight L.; BAPTISTA, João P. A. *Crescer para lucrar sempre*: desvendando os mitos do crescimento. Rio de Janeiro: Campus, 1998.

GRACIOSO, Francisco. *Planejamento estratégico*. São Paulo: Atlas, 1989.

GRIFFIN, Abbie. *Marketing*: as melhores práticas. Porto Alegre: Bookman, 2001.

GRUNWALD, G. *How to develop and create new profitable products*. New York: Prentice Hall, 2000.

GURGEL, Floriano C. A. *Administração do produto*. São Paulo: Atlas, 1995.

HAMEL, Gary; PRAHALAD, C. K. *Competindo pelo futuro*: estratégias inovadoras para obter o controle do seu setor e criar os mercados de amanhã. Rio de Janeiro: Campus, 1995.

_____ et al. Dossiê de inovação. *HSM Management* n. 36, jan./fev. 2003.

HARVARD BUSINESS REVIEW. *Administração de marcas*. Rio de Janeiro: Campus, 2000.

HAUSER, John. House of quality (QFD). *Harvard Business Review*, May./Jun. 1988.

HOOLEY, Graham J.; SAUNDERS, John A.; PERCY, Nigel F. *Estratégia de marketing e posicionamento competitivo*. São Paulo: Prentice Hall, 2001.

KANTER, Rosabeth M. *Inovação*: pensamento inovador na 3M, Dupont, GE. São Paulo: Negócio, 1998.

KAPLAN, Robert S.; NORTON, David P. *A estratégia em ação:* balance scorecard. Rio de Janeiro: Campus, 1997.

KELLEY, Tom; LITTMAN, Jonatham. *A arte da inovação.* São Paulo: Futura, 2001.

KOTABE, Masaaki; HELSEN, Kristiaan. *Administração de marketing global.* São Paulo: Atlas, 2001.

KOTLER, Philip. *Marketing para o século XXI:* como criar, conquistar e dominar mercados. São Paulo: Futura, 1999.

_____. *Administração de marketing:* a edição do novo milênio. São Paulo: Prentice Hall, 2000.

_____. *Marketing de A a Z*: 80 conceitos que todo profissional precisa saber. Rio de Janeiro: Campus, 2003.

_____; ARMSTRONG, Gary. *Princípios de marketing.* 7 ed. Rio de Janeiro: Prentice Hall, 1998.

_____; JAIN, Dipak C.; MAESINCEE, Suvit. *Marketing em ação*: uma nova abordagem para lucrar, crescer e renovar. Rio de Janeiro: Campus, 2002.

LEVITT, Theodore. *A imaginação de marketing.* 2 ed. São Paulo: Atlas, 1990.

LOBATO, David Menezes et al. *Estratégia de empresas.* Rio de Janeiro: FGV, 2003.

LYNN, Gary S.; REILLY, Richard R. *Produtos arrasadores*: 5 segredos para desenvolver produtos vencedores. Rio de Janeiro: Campus, 2003.

MARSHALL JÚNIOR, Isnard et al. *Gestão da qualidade.* Rio de Janeiro: FGV, 2003.

MATTAR, Fauze Najib; SANTOS, Dilson Gabriel dos. *Gerência de produtos*: como tornar seu produto um sucesso. São Paulo: Atlas, 1999.

MCCARTHY, E. J.; PERREAULT Jr., William D. *Marketing essencial.* São Paulo: Atlas, 1997.

MCDONALD, Malcom H. B. *Planos de marketing:* como preparar, como usar. Rio de Janeiro: JB, 1993.

MCKENNA, Regis. *Marketing de relacionamento:* estratégias bem-sucedidas para a era do cliente. Rio de Janeiro: Campus, 1993.

PARNES, Sidney. *CPS — creative problem solving.* New York: Buffallo University of Psicology, 1990.

PRAHALAD, C. K. O ouro na base da pirâmide. *HSM Management,* ago./set. 2002.

PRIDE, William; FERREL, O. *Marketing:* concepts and strategies. Boston: Houghton Mifflin, 1997.

RAPP, Stan; COLLINS, Tom. *Maximarketing.* São Paulo: McGraw-Hill, 1988.

REICHELD, Frederick. *Princípios da lealdade.* Rio de Janeiro: Campus, 2002.

RICHERS, Raimar. *Surfando as ondas do mercado.* São Paulo: RR&CA, 1996.

_____. *Marketing:* uma visão brasileira. São Paulo: Negócio, 2000.

RIES, Al. *Foco:* uma questão de vida ou morte para sua empresa. São Paulo: Makron, 1996.

_____; TROUT, Jack. *Positioning:* the battle for your mind. New York: McGraw-Hill, 1981.

_____; _____. *Posicionamento:* como a mídia faz a sua cabeça. São Paulo: Pioneira, 1987.

_____; _____. *As 22 consagradas leis do marketing.* São Paulo: Makron, 1993.

RIVKIN, Steve. *Usina de idéias:* como manter sua empresa em constante inovação. Rio de Janeiro: Campus, 2002.

ROBERT, Michel. *A estratégia pura e simples da inovação do produto.* Rio de Janeiro: Nórdica, 1996.

ROCHA, Ângela da; CRISTENSEN, Carl. *Marketing:* teoria e prática no Brasil. São Paulo: Atlas, 1999.

ROGERS, Everett. New product adoption and diffusion. *Journal of Consumer Research*, 1976.

SANDHUSEN, Richard I. *Marketing básico.* São Paulo: Saraiva, 1998.

SEMENICK, Richard J.; BAMOSSY, Gary J. *Princípios de marketing:* uma perspectiva global. São Paulo: Makron, 1995.

SLYWOTZKY, Adrian; KANIA, John. O segredo das marcas está no padrão de comportamento. *HSM Management* (31), mar./abr. 2002.

SMITH, Preston G.; REINERTSEN, Donald G. *Desenvolvendo produtos na metade do tempo.* São Paulo: Futura, 1997.

SOUZA, Marcos Gouvea de ; NEMER, Artur. *Marca e distribuição.* São Paulo: Makron, 1993.

SPILLER, Eduardo S. et al. *Gestão de serviços.* Rio de Janeiro: FGV, 2003.

STALK Jr., George; PECAUT, David K.; BURNETT, Benjamin. Breaking compromises, breakway growth. *Harvard Business Review*, Sep./ Oct. 1996.

VASSALO, Cláudia. Natura: um jeito diferente de fazer negócios. *Exame* n. 36, jan./fev. 2003.

WEINSTEIN, Art. *Segmentação de mercado.* São Paulo: Atlas, 1995.

WHEELER, Jim. *Como ter idéias inovadoras.* São Paulo: Market Books, 1999.

Os autores

Hélio Arthur Irigaray

Doutor em administração de empresas pela Eaesp/FGV, mestre em administração de empresas pela PUC-Rio e bacharel em economia pela University of Northern Iowa. Atualmente é professor da Ebape/FGV e consultor de empresas na área de implementação de CRM e planejamento estratégico, já tendo trabalhado na gerência de produtos da Star Alliance, Varig, ABN Amro e Citibank.

Alexandre Vianna

Mestre em sistemas de gestão pela UFF, MBA executivo pela Fundação Dom Cabral e bacharel em engenharia de produção pela UFRJ. Atualmente é consultor de empresas, tendo trabalhado em funções de diretoria e gerência na Souza Cruz, Brasil Telecom, Telemar, Xerox e Unibanco. Professor do FGV Management.

José Eduardo Nasser

Mestre em ciências da informação pela Universidade do Estado de São Paulo (Unesp) e bacharel em economia pela Fundação Armando Álvares Penteado (Faap). Atualmente é consultor de empresas, tendo trabalhado em funções diretivas em empresas como Deloitte e Tintas Coral. Professor do FGV Management.

Luiz Paulo Moreira Lima

Mestre e bacharel em administração de empresas pela Universidade Federal Fluminense (UFF). Atualmente é presidente do Instituto de Desenvolvimento Municipal, já tendo sido executivo de empresas como a IBM e instituições de ensino. Professor do FGV Management.